lonely planet

DE CERCA
LANZAROTE

Isabella Noble

Sumario

Arriba: Arrecife (p. 35); abajo: playa de Montaña Bermeja (p. 105).

ARRIBA: LOUIELEA/SHUTTERSTOCK ©, ABAJO: LEOKS/SHUTTERSTOCK ©

El viaje empieza aquí

La primera isla que visité en Canarias fue Lanzarote, y desde entonces ha sido un lugar especial para mí. Aunque suelo pasar tiempo aquí todos los años, siempre hay algo nuevo que descubrir entre sus paisajes lunares teñidos de púrpura y rojo-óxido. Lanzarote tiene una energía única, diferente a sus islas vecinas, y mucho de ello se debe al legado de César Manrique, que se siente en toda la isla. Cada vez que regreso, me encanta nadar en la playa del Jablillo o en las piscinas de Punta Mujeres, hacer yoga en la maravillosa playa de Famara, caminar por los senderos del norte y ver la puesta de sol sobre los conos volcánicos junto a Teguise.

Isabella Noble

@isabellamnoble

Isabella es una periodista de viajes británico-australiana, criada en Málaga y residente entre Barcelona y Andalucía. Lleva explorando Lanzarote desde hace años, y es autora de unas 50 guías de Lonely Planet (en castellano e inglés).

Los Hervideros (p. 83).

LO MEJOR

César Manrique

La obra del pintor, arquitecto, escultor y activista lanzaroteño César Manrique define el alma de la isla. Su influencia e intervenciones marcan el paisaje de Lanzarote, y el respeto local por el desarrollo sostenible se debe en parte a su legado.

Conocer la **Fundación César Manrique,** centro creativo y su hogar durante 20 años que el gran artista creó entre olas de lava en Tahíche. (p. 38)

Adentrarse en los **Jameos del Agua,** quizá su creación más ingeniosa: un tubo de lava transformado en curioso espacio cultural. (p. 116)

Descubrir la **Casa-Museo César Manrique,** donde pasó sus últimos años bajo las palmeras, en el precioso pueblo norteño de Haría. (p. 114)

Admirar los magníficos panoramas del **mirador del Río,** creado sobre el risco de Famara aprovechando una batería del s. XIX. (p. 119; foto)

Disfrutar del arte en el **Museo Internacional de Arte Contemporáneo,** una fortaleza del s. XVIII reinterpretada como galería. (p. 40; foto izda.)

Pasear por el **Jardín de Cactus,** una fantasía de plantas de todo el mundo entre los proyectos favoritos de Manrique. (p. 119)

Dcha.: Fundación César Manrique (p. 38).

LO MEJOR

Gastronomía

La gastronomía de Lanzarote comparte mucho con la de sus vecinos isleños, pero tiene su propia identidad. Brillan las verduras y hortalizas, las riquezas del Atlántico, los productos artesanos y el fruto de la vid volcánica.

Probar pescado con mojos y papas arrugadas en un **restaurante marinero** junto al océano, como Casa de la Playa en Arrieta o Costa Azul en El Golfo. (p. 84)

Celebrar recetas típicas lanzaroteñas en uno de sus clásicos **teleclubs,** como el de Tao o La Tegala, en Haría. (p. 123)

Visitar una **quesería artesanal** de ambiente familiar, como Flor de Luz de San Bartolomé. (p. 97)

Comprar los ingredientes frescos del día en un **mercado** como el de Tinajo o el de Arrecife. (p. 46)

Deleitarse con la nueva ola de **cocina creativa** de la isla, que reinterpreta sabores conejeros con gran creatividad en restaurantes como Kamezí. (p. 72)

Conocer el **gofio** (herencia de la población aborigen) y su historia en La Molina, un edificio restaurado del s. XIX que ofrece visitas guiadas. (p. 97; foto)

Dcha.: Kamezí.

LO MEJOR

Experiencias históricas

Se piensa que los habitantes aborígenes de Lanzarote, los majos, llegaron desde el norte de África alrededor del año 1000 a.C., y vivieron de la pesca, el pastoreo y la agricultura. A partir del s. XV, los españoles se extendieron desde Lanzarote al resto del archipiélago canario.

Deambular por las calles del **casco histórico de Teguise,** la tranquila primera capital de la isla, y conocer su castillo del s. XV. (p. 100; foto)

Dar un paseo por **Arrecife** para descubrir curiosidades históricas como la casa Amarilla (antiguo cabildo) o el castillo de San Gabriel. (p. 36)

Sumergirse en **Yaiza,** uno de los pueblos más antiguos de Lanzarote, con el Timanfaya en frente. (p. 76; foto dcha.)

Apreciar las vistas sureñas en **Femés,** una de las primeras poblaciones de la isla, con una iglesia del s. XVIII. (p. 69)

Poner rumbo al norte para descubrir **Haría,** antiguo enclave de balneario con bellos edificios tradicionales e importante tradición artesanal. (p. 112)

Disfrutar de un capítulo más reciente en **LagOmar,** la fantástica casa-cueva de Nazaret en la que participó César Manrique. (p. 105)

Dcha.: LagOmar (p. 105).

LO MEJOR

Artesanía y mercados

Lanzarote disfruta de una larga tradición artesana, a menudo con un importante enfoque sostenible. Además, degustar sus productos artesanales (quesos, vinos, mermeladas, mojos) en los mercadillos de pueblo es una experiencia imprescindible.

Sumergirse en el divertido ambiente del **mercadillo de Haría,** popular por su energía y su artesanía lanzaroteña. (p. 113)

Pasear por el enorme **mercadillo de Teguise,** un clásico del domingo en Lanzarote, con sus puestos de artesanía y tiendas locales. (p. 105)

Elegir la compra entre un banquete de productos locales en los **mercadillos agrícolas** de Arrecife (sábado) y Tinajo (domingo). (p. 97)

Conocer la **Casa-Museo del Campesino,** una importante obra de Manrique que acoge también varios talleres de artesanía. (p. 93; foto)

Buscar curiosidades de diseño lanzaroteño en el **mercadillo artesanal de Costa Teguise,** que se celebra cada semana en el Pueblo Marinero al atardecer. (p. 47)

Visitar **Teseguite,** pueblo conocido por sus íntimos talleres de cerámica, incluida la exitosa Eguzkine Zerain. (p. 106; foto izda.)

Vides en La Geria (p. 87).

LO MEJOR

Vinos volcánicos

Los vinos de Lanzarote se pueden degustar en las reconocidas bodegas de La Geria, aunque también se sirven en toda la isla. Se recomienda (al menos) una visita guiada a una bodega.

Catar premiadas malvasías y otros caldos en **El Grifo,** la bodega más antigua de la isla, con su museo del vino y terraza de tapeo. (p. 90)

Perderse entre paisajes volcánicos para conocer nuevas y pequeñas **bodegas artesanales** como Cohombrillo 4/24 o Bodega Erupción. (p. 91)

Probar los exquisitos vinos de la **Bodega Vulcano** en su tienda de Tías, o sus secretos en una visita guiada. (p. 58)

Parar en **Masdache,** epicentro del vino lanzaroteño con reconocidos productores como Vega de Yuco o Bodega Los Bermejos. (p. 90)

Ir de bodegas con una excursión de **Wine Tours Lanzarote,** guiada por expertos del vino canario. (p. 94)

Conocer los grandes nombres bodegueros de **La Geria** con una visita guiada y una cata, quizás en Stratvs o Bodegas Rubicón. (p. 90)

LO MEJOR

Playas y piscinas naturales

Desde las arenosas playas doradas del sur hasta las escondidas calitas vírgenes del norte, la costa lanzaroteña es toda una aventura. Y además, también hay irresistibles piscinas naturales escondidas en el litoral atlántico de Lanzarote.

Enamorarse de la **playa de Famara,** una de las más mágicas de Canarias, famosa por su surf y por cautivar al cineasta Pedro Almodóvar. (p. 102)

Relajarse en las arenosas bellezas atlánticas de la **Punta del Papagayo,** en el Monumento Natural Los Ajaches. (p. 66)

Bañarse en las relucientes **piscinas de Punta Mujeres,** un conjunto de pozas naturales junto a un pintoresco pueblo marinero del norte. (p. 119; foto dcha.)

Escaparse a un sereno y distante mundo de arena dorada y calles sin asfaltar, protegido como parque natural, en **La Graciosa.** (p. 126)

Caminar hasta los preciosos **Caletones de Órzola,** perdidos entre el malpaís del norte e ideales para el baño por sus tranquilas y transparentes aguas. (p. 121)

Hacer esnórquel en la **playa del Jablillo** de Costa Teguise, conocida por su ambiente y sus hermosas puestas de sol. (p. 44; foto)

Dcha.: Punta del Papagayo.

LO MEJOR

Naturaleza y aventura

Conocida por su biodiversidad, la sublime isla de los volcanes es también, desde el 2015, un Geoparque protegido por la Unesco. Con su singular costa salvaje y sus paisajes lunares, Lanzarote abunda en actividades al aire libre, especialmente senderismo.

Perderse en el espectacular **Parque Nacional de Timanfaya;** con reserva previa se puede hacer una alucinante ruta a pie guiada. (p. 78; foto)

Explorar los grandes paisajes y caminos menos turísticos de la isla en **bicicleta,** con una excursión guiada o por libre. (p. 71)

Atreverse con una clase de **surf** en el paraíso costero de Famara, uno de los grandes destinos europeos para este deporte. (p. 102; foto dcha.)

Ver la belleza de la isla natural desde el agua con una **excursión de kayak o surf de remo,** especialmente en la Punta del Papagayo. (p. 66)

Hacer una ruta de senderismo por el **Parque Natural de los Volcanes,** como la subida a la caldera Blanca o el camino hasta el volcán del Cuervo. (p. 82)

Descubrir el **mundo del 'windsurf',** otro de los clásicos de Lanzarote, con epicentro en Costa Teguise donde hay clases y cursillos. (p. 45)

Lo mejor para niños

Hacer una excursión a la pintoresca **Punta del Papagayo,** con sus fabulosas y tranquilas playas de agua cristalina en un espacio protegido, perfectas para un pícnic. (p. 66)

Disfrutar el recorrido en guagua hasta las montañas de fuego del **Parque Nacional de Timanfaya** y ver los efectos de la tierra volcánica junto al restaurante diseñado por César Manrique. (p. 78)

Divertirse en las populares **playas doradas** de ambiente familiar, como la playa de las Cucharas en Costa Teguise o la playa Grande de Puerto del Carmen. (p. 55)

Descubrir el cavernoso mundo de lava y fantasía creado por Manrique en los **Jameos del Agua,** ideal para que los pequeños conozcan el legado del artista. (p. 116)

Ir en ferri hasta la isla de **La Graciosa,** una escapada ideal para familias con arenales tranquilos y salvajes paisajes que enamoran a visitantes de cualquier edad. (p. 126)

Lo mejor gratis

Aprovechar los **magníficos miradores** que salpican toda la isla, como el de Ye o la ermita de las Nieves. (p. 121)

Aventurarse por los paisajes volcánicos a pie: Lanzarote tiene una impresionante red de **senderos** señalizados y abiertos al público, desde subidas a conos volcánicos hasta rutas entre viñas. (p. 81)

Unirse al ambiente playero de la isla con un baño en una de sus brillantes **piscinas naturales,** como las de Punta Mujeres o la de los Caletones de Órzola. (p. 121)

Admirar la arquitectura típica de la **Casa-Museo del Campesino,** creación de César Manrique que acoge también el llamativo monumento a la Fecundidad. (p. 93)

Pasear por los **pueblos** más encantadores de la isla –como Yaiza, Teguise o Haría– para ver sus edificios tradicionales y sus ermitas centenarias.

Tres días perfectos

Los siguientes itinerarios se pueden combinar en función de si se quiere priorizar, por ejemplo, ir a la playa, o practicar senderismo o surf, o centrarse en descubrir el arte. Y también dependiendo de dónde se esté alojado.

Playa del Papagayo (p. 66).

PRIMER DÍA

Si solo se dispone de un día

MAÑANA

Se comienza en el **Parque Nacional de Timanfaya** (p. 78; foto) con un circuito en bus o, previa reserva, una **ruta a pie** (p. 79); también hay senderos en el vecino **Parque Natural de los Volcanes** (p. 78). Si sobra tiempo, no hay que perderse el pueblo marinero de **El Golfo** (p. 81).

TARDE

Tras un pequeño paseo por **Yaiza** (p. 76), se continúa hasta **La Geria** (p. 89) para conocer bodegas como El Grifo, Los Bermejos o Erupción. **El Chupadero** (p. 96) es ideal para reponer fuerzas.

NOCHE

Se deambula por el **Charco de San Ginés** (p. 45) y el pequeño **casco histórico de Arrecife** (p. 36), antes de tapear en **Strava** (p. 48) o cenar en **Lilium** (p. 48).

SEGUNDO DÍA

Un fin de semana

MAÑANA

El día arranca en la **Fundación César Manrique** (p. 38; foto), seguido por una visita a **LagOmar** (p. 105) y un paseo por la antigua capital, **Teguise** (p. 100), con parada para un café en **Mura** (p. 109). Si es domingo, hay que visitar su divertido **mercadillo** (p. 105).

TARDE

Después se pone rumbo norte para almorzar en **El Risco** (p. 108), **La Mar Café** (p. 108) o **MunSoo** (p. 108). La tarde se pasa en **La Caleta de Famara** (p. 102) entre clases de surf, vistas atlánticas y una playa de ensueño.

NOCHE

Si el tiempo lo permite, merece la pena conocer La Santa y su gastronomía en **Alma Tapas** (p. 96). Como alternativa, se puede cenar en Teguise en **Ikarus** (p. 108) o **Restaurante Palacio Ico** (p. 108).

TERCER DÍA

Una escapada

MAÑANA

Toca ir al norte. Hay que llegar a **Haría** (p. 112) por la serpenteante ctra. LZ10, y explorar el casco histórico y la **Casa-Museo César Manrique** (p. 114). Con suerte, será sábado de **mercadillo** (p. 113).

TARDE

Para el almuerzo, creatividad en **Tacande** (p. 123) o cocina canaria en **La Tegala** (p. 123). Se continúa hacia el **mirador del Río** (p. 119) y los **Jameos del Agua** (p. 161), ambos obra de Manrique, antes de un chapuzón en las **piscinas de Punta Mujeres** (p. 119; foto) o una caminata al **volcán de la Corona** (p. 120).

NOCHE

El pueblo costero de Arrieta es perfecto para un paseo vespertino por la **playa de la Garita** (p. 120) y, luego, una cena en **Casa de la Playa** (p. 123).

Con más tiempo

El extremo sur de la isla es un soleado mundo que invita a relajarse. La ctra. LZ702 conduce, entre vistas y el bucólico pueblo de **Femés** (p. 69), hasta la paradisíaca **Punta del Papagayo** (p. 66), con sus hermosas playas. Más tarde, se recomienda conocer la gastronomía en el **Mirador de las Salinas** (p. 84), el **Chiringuito Tropical** (p. 73) o **Kamezí** (p. 72).

La zona de Puerto del Carmen se conoce sobre todo por su ambiente playero, que se puede disfrutar con algo de tranquilidad en las calas de **La Peñita** (p. 55) o el **barranco del Quíquere** (p. 59), antes de comer en **Coentro, Hotel Fariones** (p. 60) o **Vino +** (p. 60). También merece la pena conocer el vecino rincón literario de la **Casa José Saramago** (p. 56) en Tías.

Si hay tiempo suficiente se puede seguir hasta llegar a las pintorescas **playas Caletones de Órzola** (p. 121). Y en Arrecife, no hay que perderse el **Museo Internacional de Arte Contemporáneo** (p. 40).

La Graciosa vista desde el mirador del Río (p. 119).

PAV-PRO PHOTOGRAPHY LTD/SHUTTERSTOCK ©

Una excursión

La Graciosa (p. 126) es una isla de ensueño, con fácil acceso en ferri desde Órzola. Se tarda tan solo 30 min en navegar hasta el pequeño enclave de Caleta de Sebo, por lo que es ideal para una excursión de un día. Las vistas del risco de Famara no dejan de sorprender durante el recorrido. Lo mejor es recorrer La Graciosa en bici, haciendo paradas en sus playas antes de comer en alguno de los restaurantes de pescado de Caleta de Sebo.

En un día de lluvia

Suele llover muy poco en Lanzarote, pero para los días menos soleados o con fuertes vientos hay opciones de sobra para seguir disfrutando de la isla. Además del **Museo Internacional de Arte Contemporáneo** (p. 40; foto) y las famosas **intervenciones de César Manrique** (p. 6), es fascinante acercarse a Arrecife para ver una exposición en el **CIC El Almacén** (p. 44) o **La Casa Amarilla** (p. 37). Más allá, el **centro de visitantes de Mancha Blanca** (p. 79) permite conocer la historia de las erupciones del Timanfaya, mientras que las **bodegas de La Geria** (p. 90) siempre ofrecen catas.

Prepararse

ANTES DE PARTIR

Dos meses antes Reservar alojamiento, especialmente para Carnaval, Semana Santa, verano (jul y ago) e invierno (dic-feb). Reservar también lo antes posible las rutas de senderismo guiadas por Timanfaya.

Un mes antes Reservar el alquiler del coche y cualquier evento, festival o visita guiada.

Una semana antes Revisar el calendario cultural; concertar visitas guiadas, si aún no se ha hecho; reservar para los mejores restaurantes y monumentos.

Costumbres

Lanzarote es una isla relajada, pero como en cualquier destino hay algunas costumbres locales a tener en cuenta. Por lo general los horarios suelen ser algo flexibles, pero se ruega puntualidad para visitas guiadas, reservas de restaurantes, etc. Se recomienda visitar edificios religiosos fuera del horario de culto. El respeto por el medio ambiente es clave para la población local, por lo que es importante seguir la normativa para proteger los espacios naturales y evitar salirse de los senderos marcados.

Qué llevar

Lanzarote no tiene un microclima como Gran Canaria o Tenerife, pero el tiempo suele variar entre una parte de la isla y otra. A menudo hace sol en el sur alrededor de Playa Blanca, mientras que el norte tiene un clima más variable. Se recomienda llevar ropa variada, junto con gorra, protección solar y zapatos cómodos. También es común que haga viento, por lo que una chaqueta ligera es ideal.

Conviene saber

Restaurantes En general, en los últimos años se ha vuelto un poco más difícil conseguir mesa sin reserva, por lo que se recomienda hacerlo en los locales más populares. Si se llega sin reserva, a veces hay lista de espera. Algunos restaurantes de la isla tienen un horario de cenas más reducido de lo habitual en la península.

Mercadillos La mayoría de los divertidos mercadillos de la isla se celebran en sábado o domingo; se recomienda consultar horarios actualizados por Turismo Lanzarote. Para los más concurridos, se aconseja llegar temprano si se quieren disfrutar con tranquilidad o encontrar aparcamiento fácilmente.

Objetos de valor Como en muchos otros destinos, es mejor no dejar nada de valor en el coche y estar atento a las pertenencias en lugares turísticos.

PROPINAS

Al igual que en el resto de España, no hay obligación de dejar propina, pero siempre se aprecia si el servicio ha sido correcto. A menudo se puede dejar la propina al pagar con tarjeta, aunque conviene llevar efectivo.

5%	Redondeo	Redondeo	1 €
Restaurantes	**Bares**	**Taxis**	**Hoteles**
Redondear por un buen servicio	Redondear hasta el siguiente euro	Redondear hasta el siguiente euro	No es costumbre

PRESUPUESTO DIARIO

Económico Menos de 100 €

- Tapas, teleclubs, menú del día o comprar en supermercados: **20 €**
- Visitas y actividades gratuitas.
- Transporte en autobús: **1,50-3 €**

Medio Entre 100-150 €

- Habitación doble en hotel de precio medio: **75-100 €**
- Tapas o comer en restaurantes medios: **30 €**
- Visita de bodega o actividad (surf, etc.): **25 €**
- Alquiler de coche: **desde 30 €**

Alto Más de 150 €

- Habitación doble en hotel-*boutique* o de cuatro o más estrellas: **desde 110 €**
- Comidas en buenos restaurantes: **desde 50 €**
- Cócteles en gastrobares: **desde 12 €**
- Circuito guiado de bodegas: **60 €**

Moneda
Euro (€)

Idioma
Español

Hora local
GMT/UTC (1 h menos que en la península).

CONSEJOS PARA AHORRAR DINERO

Comprar la entrada conjunta para la Fundación y Casa-Museo César Manrique (véase p. 114).

Comer en los teleclubs (véase p. 93) o aprovechar los menús del día.

Trasladarse en guagua (autobús) y explorar la isla a través de sus senderos.

Cuándo ir

Lanzarote es una isla que brilla durante todo el año: no hay mal momento para visitarla, ya sea durante la temporada de sol de invierno (más concurrida) o en los tranquilos meses de primavera y otoño.

Los meses de invierno, entre diciembre y febrero, son temporada alta para Lanzarote (y Canarias en general), con deliciosas temperaturas de 15-22ºC que atraen a visitantes de toda Europa. El Carnaval llega en febrero/marzo. Aparte de Semana Santa, la primavera (marzo-mayo) suele ser más relajada e ideal para practicar senderismo, con temperaturas que rondan los 22ºC. Junio trae celebraciones como el Orgullo LGTBIQ+. La segunda temporada alta cae en julio y agosto, con temperaturas que suben hasta 28ºC. Es momento de vacaciones playeras y festivales veraniegos en la isla. El otoño (septiembre a noviembre) cuenta con buen clima, excelente senderismo y, normalmente, pocas aglomeraciones.

Grandes eventos

Lanzarote se llena de color para su maravilloso **Carnaval,** con el que llegan desfiles de disfraces, concursos de murgas y una reconocida gala de *drag queens,* entre otros eventos. El gran foco carnavalero es Arrecife, aunque se celebra en muchos pueblos de la isla. *Feb/mar*

Dos semanas de festividades homenajean al patrón de Arrecife durante las **Fiestas de San Ginés;** además de una procesión tradicional, hay conciertos, baile y fuegos artificiales (véase p. 45). *Ago*

Una gran peregrinación hasta Mancha Blanca marca la **romería de la Virgen de los Volcanes,** dedicada a la patrona de la isla, venerada por su milagro durante las erupciones del s. XVIII (véase p. 37). *15 sep*

Clima

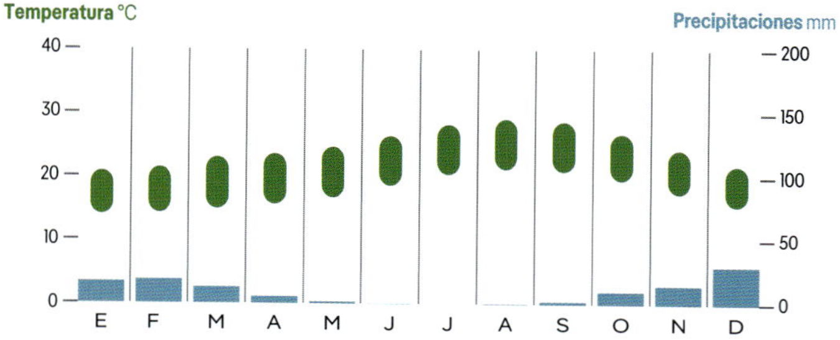

Carnaval en Arrecife.

La gastronomía conejera brilla durante **Saborea Lanzarote** cuando Teguise se convierte en un escenario de eventos culinarios. *Nov*

Festivales y tradiciones

A finales de mayo, el **Día de Canarias** se celebra en todo Lanzarote con talleres artesanales, mercadillos, espectáculos de música, danza y vestido tradicionales e incluso sesiones de lucha canaria. *30 may*

La llegada del verano trae la **vendimia,** una de las más madrugadoras de Europa. Es un momento divertido para ver los viñedos (véase p. 90). También se organiza **Lanzarote Wine Run** –una carrera por La Geria– en junio. *Jul*

Lanzarote celebra a la patrona de los marineros cada verano durante las **Fiestas del Carmen,** de especial importancia para pueblos como Puerto del Carmen (véase p. 53) o La Graciosa, donde se organizan procesiones marítimas. *Jul*

La antigua capital propone una gran fiesta cultural veraniega con la **Noche Blanca de Teguise,** durante la cual las calles se llenan de baile, música, arte, catas de vinos y más (véase p. 106). *Jul*

CONSEJOS SOBRE ALOJAMIENTO

Siempre se recomienda reservar con la máxima antelación posible, pero especialmente si se planea visitar la isla entre diciembre y febrero, durante carnavales o Semana Santa, o en julio/agosto, cuando los precios suben y los alojamientos se llenan. En general, los destinos un poco más alejados de la costa ofrecen mejor relación calidad-precio. También se pueden reducir los costes viajando en primavera u otoño.

Cómo llegar

La mayoría de los visitantes llega al aeropuerto de Lanzarote-César Manrique, 5 km al oeste de Arrecife y con buenas conexiones al resto de la isla. También hay barcos entre Lanzarote y las otras islas Canarias, además de Huelva y Cádiz en la península.

Desde el aeropuerto de Lanzarote-César Manrique

En taxi

Los taxis esperan a la salida de la sala de llegadas del aeropuerto (*www.lanzarotetaxi.com*). Desde el aeropuerto cuesta aprox. 16 € a Arrecife, 22 € a Puerto del Carmen, 27 € a Costa Teguise y 50 € a Playa Blanca o Haría, con suplemento aeoportuario incluido.

En autobús

La línea nº 22 une el aeropuerto con Arrecife (1,40 €) entre las 5.45 y las 23.15 de lunes a viernes, pasando por Playa Honda. Se tarda 10-15 min en llegar hasta el intercambiador de guaguas de Arrecife (junto a la playa del Reducto) o 25 min hasta la estación de guaguas (c. Rambla Medular); el recorrido es más corto hacia el aeropuerto.

Los fines de semana opera la línea nº 23 entre el aeropuerto y Arrecife. La nº 161 va desde el aeropuerto hasta Playa Blanca (3,30 €, 55 min) aprox. cada hora entre 7.30 y 21.30 de lunes a viernes (8.00 a 22.00 fines de semana); hace parada en Puerto del Carmen (1,40 €), Puerto Calero (1,80 €) y Yaiza (1,90 €); la última vuelta desde Playa Blanca es a las 21.25 (20.55 fines de semana). Algunos servicios solo paran en la terminal 2, por lo que se recomienda consultar horarios (*arrecifebus.com*).

En automóvil

Las compañías de alquiler tienen oficinas en la zona de llegadas o bien ofrecen servicio de recogida en el aeropuerto.

Otros puntos de entrada

Puerto de los Mármoles Para llegadas en ferri desde otras islas canarias o destinos en la península. La línea nº 3 pasa cerca, con conexiones a Arrecife, Costa Teguise y Puerto del Carmen.

Muelle de Playa Blanca Aquí llegan los ferris desde Corralejo en Fuerteventura. Hay varias líneas de autobús disponibles, incluidas las nº 6, 30, 60 y 161.

Cómo desplazarse

La forma más cómoda de explorar la isla es con un coche de alquiler, aunque Lanzarote tiene también una extensa red de autobuses (guaguas en Canarias) que llegan a la mayoría de los destinos *(www.arrecifebus.com)*. También es popular recorrer la isla en bicicleta o aprovechando sus excelentes senderos.

En automóvil y motocicleta

Lo mejor para conocer la isla de manera independiente es alquilar un automóvil o una motocicleta. Además de las grandes compañías internacionales, hay operadores locales como **Cicar** *(www.cicar.com)* y **Plus Car** *(www.pluscar-lanzarote.com)*, a menudo con buenas ofertas. Hay que reservar lo antes posible. En lugares o durante eventos populares, se debe tener en cuenta que a veces cuesta un poco encontrar aparcamiento.

Autobús

IntercityBus Lanzarote *(www.arrecifebus.com)* tiene líneas a la mayoría de los destinos importantes de la isla, aunque no para el Parque Nacional de Timanfaya y La Geria. Casi todas las líneas pasan por la **estación de guaguas de Arrecife** (c. Rambla Medular), al norte del casco antiguo. El billete sencillo cuesta desde 1,40 € y se puede adquirir directamente en el autobús, pagando en efectivo (cambio máximo de 10 €) o con tarjeta. Horarios actualizados en la web o *app* móvil.

IZDA.: NISSRINE MAHMOUD/SHUTTERSTOCK ©; ARRIBA: TARASOLESHCHUK/SHUTTERSTOCK ©

'APP' ESENCIAL

La aplicación móvil de IntercityBus Lanzarote es útil para consultar rutas, horarios y demás.

Parque Nacional de Timanfaya (p. 78).

Taxi

Existen paradas de taxi en todos los pueblos de la isla (además del aeropuerto) o bien se pueden solicitar por teléfono *(www.lanzarotetaxi.com)* o pararlos en la calle. En el momento de redacción, no había servicio de Uber u otros similares en Lanzarote. La bajada de bandera en Arrecife cuesta 3,05€.

Ciclismo

Lanzarote invita al ciclismo, ya sea tranquilamente por el paseo marítimo o en una desafiante ruta de montaña. Todos los pueblos turísticos tienen agencias de alquiler, con precios que parten desde 10 € por día para una bicicleta sencilla y gran variedad de opciones (incluidas eléctricas y bicis para niños). Muchos operadores también ofrecen rutas guiadas.

Barco

La única forma de llegar a la hermosa isla de La Graciosa es en barco. **Líneas Romero** *(www.lineasromero.com)* y **Biosfera Express** *(www.biosferaexpress.com)* viajan entre Órzola en el norte de Lanzarote y La Graciosa; el trayecto dura 30 min.

La otra ruta marítima de principal interés es entre Playa Blanca y Corralejo, en el norte de Fuerteventura, con servicios de Líneas Romero además de **Naviera Armas** *(www.armastrasmediterranea.com)* y **Fred Olsen** *(www.fredolsen.es)*. También se pueden hacer excursiones de un día a Fuerteventura desde Playa Blanca en barco (véase p. 26).

ABONOS

En el momento de redacción,
los abonos de autobús están pensados solo para residentes.

Información práctica

Billetes de autobús

Las tarifas de autobús varían según el trayecto, entre un mínimo de 1,40 € y un máximo de 3,60 €. Los billetes se compran directamente al subir al autobús y se puede pagar con tarjeta o bien en efectivo (no se aceptan billetes superiores a 10 €).

Billetes de ferri

La mayoría de las rutas en barco se pueden reservar con antelación a través de la página web de las principales compañías, como Líneas Romero.

También se pueden adquirir los billetes directamente en las oficinas del puerto correspondiente, aunque para asegurarse de una plaza para la ruta preferida siempre conviene reservar con antelación a ser posible. Suelen haber descuentos para niños, y normalmente se puede viajar con mascota.

Circuitos guiados

Lanzarote cuenta con una amplia oferta de operadores turísticos que organizan excursiones guiadas por prácticamente toda la isla, muchas de ellas con un enfoque temático. Para quienes prefieran no alquilar un vehículo (o simplemente desean prescindir de él por un día), estas excursiones son una excelente alternativa para descubrir rincones más apartados en compañía de un guía experto. Hay propuestas atractivas, como rutas a las bodegas de La Geria o itinerarios senderistas por el norte de Lanzarote, disponibles tanto en *tour* privado o en grupo. Se recomienda consultar con las compañías y reservar con antelación (véase p. 45).

PRECIOS

Tipo de billete	Precio
Billete de autobús Arrecife-Teguise	1,40 €
Billete de ferri Órzola-La Graciosa (ida y vuelta)	adultos/niños 28/15 €
Alquiler de coche	30 €/día

Otra cara de Lanzarote

En esta soleada isla, basta con alejarse un poco de la costa para descubrir otra Lanzarote más tranquila, desde sosegados caminos hasta gastronomía típica.

Silenciosos senderos

La mejor forma de perderse entre los singulares paisajes de Lanzarote es siguiendo su gran variedad de senderos. Hay opciones por toda la isla, desde cortas rutas caminatas circulares por La Geria hasta el GR131 que cruza la isla entera. La mayoría de estos caminos conduce hasta tranquilos rincones, a menudo con magníficos miradores naturales. Un buen lugar para comenzar es alrededor de Haría (véase p. 120), en la salvaje franja norte de Lanzarote.

Pueblos de interior

Dejando atrás su costa, Lanzarote es una isla de pequeños pueblos encalados. Muchos visitantes solo los cruzan de camino a las grandes atracciones, pero detenerse a explorar las calles de localidades como Tao, Mozaga, Los Valles, Montaña Blanca, Uga o Soo (véase p. 106) siempre merece la pena. A menudo se descubren antiguas iglesias y otra curiosa arquitectura típica, junto con animados teleclubs, bares locales o tiendas familiares especializados en producto de cercanía.

Rincones manriqueños

Más allá de las famosas intervenciones de César Manrique, se puede encontrar la huella del gran artista en curiosos e inesperados lugares salpicados por la isla. Por ejemplo, los divertidos juguetes de viento que decoran algunas rotondas, originalmente un diseño de Manrique. También participó en la remodelación de la **ermita de Santa Bárbara** en Máguez (p. 122) y en una casa marinera en Famara que hoy acoge el restaurante **El Risco** (p. 108), y diseñó el logo de la reconocida bodega **El Grifo** (p. 90). En Arrecife, no hay que perderse sus murales en la **biblioteca de la UNED** (p. 37).

Piscinas naturales

Puede que las playas doradas del sur dominen el ambiente costero, pero para muchos lanzaroteños lo mejor para un baño refrescante son las deliciosas charcas naturales de la isla, entre las que destacan las **piscinas de Punta Mujeres** (p. 119) en el litoral norte. Ideales para pasar unas horas con bocadillo, la toalla y un buen libro.

FUERA DE RUTA

- Probar sabores isleños en un sencillo **teleclub de pueblo.** (p. 93)
- Conocer el mundo del arte moderno lanzaroteño en algún **taller,** como el de Sherezade Morales en Teguise. (p. 106)
- Descubrir secretos en una **quesería familiar** como Flor de Luz en San Bartolomé. (p. 97)
- Admirar los paisajes de La Geria desde la cima de la **montaña Blanca,** un escarpado cono volcánico. (p. 94)
- Adentrarse en una pequeña **bodega artesanal** y conocer los creadores de sus vinos en Erupción de Tao. (p. 91)

UNDERWORLD/SHUTTERSTOCK

Langosta de los Jameos del Agua, de César Manrique (p. 116).

Mural 'El viento' de Manrique, en la biblioteca de la UNED (p. 37).

Explora Lanzarote

Merece la pena

Circuitos a pie

Pueblo de Costa Teguise (p. 44).
BALATE.DORIN/SHUTTERSTOCK ©

Sugerencias de lugares para comer, beber y comprar en **p. 48**

Explora
Arrecife, Costa Teguise y alrededores

Situada en la soleada costa central de la isla, la capital lanzaroteña es una agradable y relajada ciudad de 47 000 habitantes abierta al Atlántico. Su compacto casco antiguo, su radiante laguna y sus monumentos manriqueños merecen ser explorados, al igual que su gastronomía. Además, en los últimos años se han restaurado varios edificios históricos y el paseo marítimo. Arrecife es, además, el epicentro del Carnaval en Lanzarote y de la vida en la isla. Al noreste de la capital espera el encantador complejo turístico de Costa Teguise, creado en la década de 1970, mientras que la localidad de Playa Honda, entre Arrecife y Puerto del Carmen, ofrece una escapada costera más tranquila.

Cómo desplazarse

Autobús

Casi todas las líneas de autobús pasan por la estación de guaguas (c. Rambla Medular) al norte del casco histórico de Arrecife; algunas continúan hasta el intercambiador de guaguas (av. Fred Olsen), junto a la playa del Reducto.

A pie y en bicicleta

Arrecife, Costa Teguise y Playa Honda se recorren fácilmente caminando. The Bike Station alquila bicis en Costa Teguise y Arrecife *(www.tribike.es)*.

Charco de San Ginés (p. 45).
MIKHAILBERKUT/SHUTTERSTOCK ©

★

LO MEJOR

ARQUITECTURA
Fundación César Manrique (p. 38)

TAPAS
Charco de San Ginés (p. 49)

ARTE
Museo Internacional de Arte Contemporáneo (p. 40)

PLAYA
Playas de Costa Teguise (p. 44)

ACTIVIDADES
Windsurf o *paddle surf* (p. 45)

CIRCUITO A PIE

Arrecife, un paseo por su historia

La zona que hoy ocupa la capital ha estado habitada desde el s. XVI, primero por pescadores y comerciantes que vivían en cuevas junto al Charco de San Ginés. A pesar de ser puerto marítimo a partir del s. XV y de gozar de un creciente desarrollo urbano desde finales del s. XVIII, Arrecife no se convirtió en capital hasta 1852, cuando Teguise le cedió su título.

INICIO	FINAL	DURACIÓN
Islote de Fermina	Charco de San Ginés	2 km; 1 h

1 Legado de Manrique
Junto a la playa del Reducto, se extiende el curioso **islote de Fermina,** donde César Manrique diseñó una piscina-laguna en la década de 1970. Tras años de cierre, el complejo se ha restaurado con un museo sobre la historia de la bahía de Arrecife, con noches de música y una soleada cafetería (en el momento de redacción no estaba permitido el baño).

2 Edificio icónico
El único rascacielos de la isla, el lujoso **Arrecife Gran Hotel & Spa,** es obra del arquitecto lanzaroteño Enrique Spínola González de finales de la década de 1960, aunque fue rehabilitado tras un incendio en 1994 y renovado en el 2021. Su cafetería (planta 17ª) tiene espectaculares vistas.

3 Murales secretos
Hacia el este por el parque Islas Canarias se llega al antiguo parador de Lanzarote, de estilo neocanario. Hoy el edificio es la **biblioteca de la UNED** *(www.unedlanzarote.es; cerrado fines de semana)* y esconde cuatro murales ejecutados por un joven César Manrique, incluido el tormentoso *El viento*. Para visitar los murales hay que concertar una visita previa *(info@lanzarote.uned.es)*.

4 Castillo defensivo
Se continúa 500 m al este por el paseo marítimo, pasando una réplica de un quiosco de música del s. XX. Construido como defensa contra los ataques piratas en el s. XVI, el **castillo de San Gabriel** alberga hoy el Museo de Historia de Arrecife *(cerrado do)*. Junto al castillo se encuentra el histórico puente de las Bolas, del s. XVIII.

5 Centro histórico
La calle León y Castillo es la vía principal del casco histórico. El antiguo cabildo, hoy conocido como la **casa Amarilla** por su llamativa cubierta de azulejos color mostaza, fue edificado en la década de 1920 y ahora presenta exposiciones temporales enfocadas en la isla *(cerrado do)*.

6 Plaza de Las Palmas
En la plaza más pintoresca del casco histórico, junto a palmeras y una enorme casuarina, se alza la **iglesia de San Ginés,** de 1665, con sus columnas toscanas, su torre neoclásica y su imagen del s. XVII del patrón de la isla. El Día de San Ginés (25 de agosto) se celebra con gran jolgorio, y cada sábado la plaza acoge un mercadillo de alimentación.

7 Comienzos de la capital
Detrás de la iglesia, un puñado de estrechos callejones compone el núcleo originario de Arrecife, incluido el **callejón Luis Hernández Fuentes El Aguaresío,** con sus casas de aire marinero.

★ IMPRESCINDIBLE

Fundación César Manrique

La influencia del célebre artista, arquitecto y conservacionista César Manrique (véase p. 44) se siente en cada esquina de su isla natal, cuya belleza lo inspiró para crear las obras cumbre de su carrera y proteger ferozmente su entorno natural. Por encima de todas las obras que dejó Manrique en Lanzarote, destaca la casa-estudio que levantó en medio del océano de lava lunar que bordea el pueblo de Tahíche, al norte de Arrecife. Aquí vivió el hijo predilecto de la isla desde 1968 hasta 1988, en una casa de fantasía ahora convertida en la sede de la Fundación César Manrique.

PLANO: P. 42 **D1**

CONSEJO
Se recomienda hacer la visita a primera hora del día o al final de la tarde para evitar aglomeraciones. Conviene adquirir la entrada conjunta con la Casa-Museo César Manrique en Haría (véase p. 114).

Escanea este código QR para horarios, precios y demás.

Casa del Volcán

Gracias a la iniciativa de Manrique, el Cabildo de Lanzarote estableció leyes para restringir la urbanización descontrolada; a día de hoy, el desarrollo sostenible sigue siendo una de las grandes señas de identidad de la isla, algo que se aprecia de inmediato en la maravillosa casa del Volcán. Aunque el hogar final de Manrique fue su adorada casa del Palmeral en Haría, el lugar en el que más tiempo vivió fue aquí, en el Taro de Tahíche. Al volver definitivamente a la isla en 1966 tras su triunfante período en Nueva York, el artista edificó su espectacular casa y centro creativo entre la colada de lava que dejaron las erupciones del s. XVIII a las afueras de Tahíche.

Con aire de mansión de un villano de James Bond, es una formidable, futurística y hechizante edificación donde la naturaleza y la arquitectura conviven en armonía, repleta de buganvillas y cactus, salones cavernosos, paredes blanqueadas, brillante basalto y bancos revestidos de cuero blanco y rojo. Los niveles superiores toman su inspiración de la arquitectura tradicional de Lanzarote. El recorrido desciende hasta las habitaciones subterráneas, que se abren en el interior de cinco

© FUNDACIÓN CÉSAR MANRIQUE

burbujas creadas por la lava y unidas por estrechos pasillos que conducen, finalmente, a una reluciente piscina-laguna bañada por una cascada. Todo ello abrazado por jardines donde el frondoso verde realza la arena volcánica.

La colección de arte

El antiguo estudio de Manrique presenta la mayor colección de sus obras, con enormes lienzos abstractos que brillan entre paredes blancas. También se exponen sus bocetos, postales y fotografías. Al final de la visita espera un mural exterior de azulejos, de 1992. A un paso de la Fundación, el distintivo juguete de viento *Fobos,* diseñado por Manrique y restaurado para su centenario en el 2019, conmemora al artista en la rotonda cercana al punto donde falleció en un accidente de tráfico en 1992. Manrique imaginó sus juguetes de viento como un elemento definitorio de la isla.

UNA PAUSA
Levain (p. 50), 2 km al norte de la Fundación, es una concurrida parada para bocadillos, cafés y pastelería.

★ IMPRESCINDIBLE

Museo Internacional de Arte Contemporáneo

El castillo de San José, un baluarte militar del s. XVIII que vigila el puerto de Naos, a las afueras de Arrecife, alberga una de las colecciones más singulares de arte contemporáneo de Canarias desde la década de 1970, cuando, bajo la dirección de César Manrique, se transformó en un pionero museo. Grandes artistas como Tàpies acompañan a una selección de obras del joven Manrique y otros pintores canarios.

PLANO: P. 42 **H1**

CONSEJO
Se puede llegar al MIAC a pie desde el centro de Arrecife en unos 20 min (1,6 km desde el Charco de San Ginés). Debido al carácter histórico del edificio solo es accesible en silla de ruedas la planta baja.

Escanea este código QR para horarios, precios y demás.

El castillo

Conocido en su tiempo como la "fortaleza del hambre", el castillo se erigió entre 1776 y 1779 por orden del rey Carlos III, con el objetivo de defender la isla de los ataques piratas y crear empleo para la población conejera tras las catastróficas erupciones volcánicas de la década de 1730. Por deseo de César Manrique (y bajo su dirección personal), se restauró y remodeló 200 años más tarde, recuperándose del abandono y abriendo al público en 1976. A la vez se celebró el I Certamen Internacional de Artes Plásticas, en el que se involucraron gigantes del mundo del arte internacional como Picasso, Chillida, Miró y Tàpies. Aunque la estructura del edificio original se mantuvo casi sin modificar, es imposible no reparar en los toques clásicos de Manrique: paredes blanqueadas, jardines volcánicos y la escalera orgánica interior. Aún hoy se accede a la fortaleza por un puente levadizo.

La colección

La notable colección permanente, de las décadas de 1950 a 1970, revela, además de cuadros de la primera época de Manrique, obras de algunos de

CACT LANZAROTE ©

los artistas españoles más destacados de la época, como Antoni Tàpies o José Guerrero. Una sección está dedicada a la obra de artistas canarios contemporáneos de renombre, entre ellos Manuel Millares, Cristino de Vera, Óscar Domínguez, José Dámaso y María Belén Morales. También hay una sala enfocada al escultor y medallista lanzaroteño Pancho Lasso, incluido su *Obrero caminando* (1929). No hay que perderse las esculturas junto a la fachada pétrea del castillo, ni dejar de subir a su azotea, donde se pueden disfrutar las vistas del puerto de Arrecife y de una escultura de Martín Chirino. La planta inferior (incluido el antiguo aljibe), a la que se accede por una escalera de caracol de piedra negra, acoge exposiciones temporales, junto con el restaurante del castillo.

UNA PAUSA
Con una enorme cristalera mirando al Atlántico, el **restaurante del MIAC** *(cactlanzarote.com)* ofrece una elegante carta lanzaroteña renovada, además de cafetería y bar.

A
B
C
D
1
2
3
4
5
6
Costa Teguise
C. de los Dragos
Av. de las Islas Canarias
34
30
18
20
36
15
41
7 Volcano Surf
43
Av. del Mar
Windsurfing Club
Las Cucharas
6
14 Aquatis Diving
C. del Crucero
Av. Arenas Blancas
1 Playa de
las Cucharas
28
Mercadillo artesanal
de Costa Teguise
13
38
3 Pueblo Marinero
Pl. Pueblo
Marinero
C. las Olas
Plaza de
Janubio
C. la Falúa
Av. del Jablillo
C. la Goleta
OCÉANO
ATLÁNTICO
Av. los Cocederos
2 Playa
del Jablillo
0 200 m
31
Fundación
César
Manrique
45
C. Pérez Galdós
C. Extremadura
C. M. de Comillas
C. Oviedo
C. Ing. Paz Peraza
C. la Andoriña
C. el Salto
C. F. Roca
C. Trinidad
C. Gran Canaria
Plaza
de España
C. Jacinto Borges Díaz
40
26
24
C. Galicia
La Garimba
C. La Coruña
C. Cuba
C. Laguna
C. Chile
C. Cienfuegos
8 Charco de
San Ginés
27
C. Francos
C. F. Ladrera
Bahía de Arrecife
C. Tenerife
C. Colegio
C. Emilio Ley
Av. César Manrique
5 La Luna
C. Francos
C. Fajardo
22
C. R. Franco
C. León y Castillo
C. Aquilino Fernández
C. Ginés
25
C. Brasil
33
C. Figueroa
C. García de Hita
Plaza
de las
Palmas
C. Liebre
Av. de Vargas
Av. Olof Palme
35
37
CENTRO
46
C. Sol
C. José Molina
44
19
12 Mercadillo
agrícola de Arrecife
21
CIC El Almacén
4
C. J. Betancort
46
C. Manuel
Miranda
C. la Porra
Plaza de
El Almacén
42 Plaza de la
Constitución
C. Otilia Díaz
C. Quiroga
Av. Coll
Boca de
Juan Rejón
32
C. Canalejas
C. Riego
C. Carnicería
17
C. Luis Morote
Av. la Marina
10 Playa del Reducto
11 Playa Honda
Parque José
Ramírez Cerdá
C. Blas Carrera Felipe
A
B
C
D

E
F
G
H
1
2
3
4
5
6
El Molino
Bahía de Naos
Museo Internacional de Arte Contemporáneo
C. Clavijo y Fajardo
C. Cáceres
C. Trinquete
C. Velacho
C. Escotilla
C. Rambla Medular
C. Timón
C. Mastelero
Av. de Naos
C. Gobernador José García Hernández
C. el Claudiano
C. Hipólito Frías
C. Malacabado
C. Puerto Naos
39
C. A. de la Hoz Betancort
Puerto deportivo de Lanzarote
C. la Mercedes
C. la Azaña
Parada de guaguas
45
C. Asturias
C. Mesana
C. Carenero
C. Juan de Quesada
23
Av. Olof Palme
16
29
Marina Lanzarote
9
Av. César Manrique
Isla del Francés
OCÉANO ATLÁNTICO
0
200 m
Más información
Imprescindible p. 38
Experiencias p. 44
Comer p. 48
Beber p. 50
Comprar p. 51

EXPERIENCIAS

Pasear por Costa Teguise y sus arenales

PLAYAS, PUEBLO

La vida en Costa Teguise gira en torno a su extensa costa, donde esperan una seria de bellas playas de arena dorada y un concurrido paseo marítimo de varios kilómetros. La hermosa **playa de las Cucharas** (PLANO: 1 P. 42 **B2**) es la principal del pueblo, conocida por su *windsurf,* sus aguas cristalinas y su arena dorada; tiene tumbonas y servicios accesibles, y resulta popular especialmente entre familias. Al sur de ella, la exquisita **playa del Jablillo** (PLANO: 2 P. 42 **B3**) reluce tranquila como una laguna y es perfecta para hacer esnórquel o nadar, protegida por paredes de roca natural. La plaza central de Costa Teguise se encuentra en el turístico **Pueblo Marinero** (PLANO: 3 P. 42 **B2**) creado a principios de la década de 1980 con la participación de César Manrique e inspirado por la arquitectura típica canaria.

Seguir la huella de Manrique

MUSEO, GASTRONOMÍA

La mano del gran artista se aprecia en varios rincones curiosos de Arrecife. En la década de 1970, Manrique remodeló una pareja de casas del s. XIX junto con el artista grancanario Pepe Dámaso, transformándolas en un atrevido centro cultural y bar de referencia como punto de encuentro creativo, conocido como el **CIC El Almacén** (PLANO: 4 P. 42 **A5**). Por aquí pasaron grandes nombres, como los artistas canarios Ildefonso Aguilar y Manolo Millares. Ahora presenta muestras de artistas locales, conciertos y otros eventos, y tiene un acogedor bar de tapeo *(www.instagram.com/cicelalmacen)*. A 5 min del centro, el legendario restaurante **La Luna** (PLANO: 5 P. 42 **A5**) fue un favorito de Manrique, y aún sirve sus míticas raciones marineras de temporada (pescado frito, ensaladilla...).

CÉSAR MANRIQUE

César Manrique nació el 24 de abril de 1919 en Arrecife. Se formó en la Academia de Bellas Artes de San Fernando de Madrid, ciudad en la que pasó 20 años. Su época cumbre como pintor abstracto llegó con una exhibición en el Museo Guggenheim de Nueva York en 1964, el mismo año en que se trasladó a vivir a la urbe estadounidense. Retornó de manera definitiva a su querida isla natal en 1966, e inició una constante campaña para preservar la arquitectura tradicional, proteger el entorno natural y promover el desarrollo sostenible. Lanzarote se convirtió en el gran lienzo natural de Manrique. Aquí desarrolló siete intervenciones, además de otras numerosas obras por el archipiélago y más allá. Tenía aún varios proyectos en marcha cuando falleció en 1992, a la edad de 73 años, en un accidente de tráfico a escasos metros de la Fundación César Manrique.

Surcar olas en Costa Teguise DEPORTES ACUÁTICOS

Debido a su ubicación, Costa Teguise es uno de los mejores lugares de Canarias para practicar tanto *windsurf* como el emergente deporte de *wingfoil*. En pleno corazón del mundo del *windsurf* lanzaroteño, la respetada escuela **Windsurfing Club Las Cucharas** (PLANO: 6 P. 42 **B2**) organiza cursillos en grupo (desde 150 €) y clases privadas adaptándose al nivel del cliente, y también alquila equipamiento. También se puede probar una clase de surf clásico con **Volcano Surf** (PLANO: 7 P. 42 **B1**), una recomendable escuela de Costa Teguise para todos los niveles con clases y cursillos en grupos reducidos (desde 50 €). Para algo más relajado, ofrecen alquiler de tablas de surf de remo, kayaks y equipo de esnórquel *(volcanosurflanzarote.com)*.

Relajarse en el Charco de San Ginés OCIO, GASTRONOMÍA

PLANO: 8 P. 42 **C4**

Bordeada por edificios encalados con toques azul cerúleo, la salada laguna color turquesa que se extiende al este de Arrecife constituye uno de los espacios más encantadores de la capital, además de un importante punto de encuentro, con un desfile de ambientados bares y restaurantes. Antaño caladero de pesca de la población aborigen, hoy el **Charco de San Ginés** es una experiencia esencial de la capital para hacer una pausa en una de sus terrazas (véase p. 49).

En la vecina **Marina Lanzarote** (PLANO: 9 P. 42 **G4**) esperan más animados bares y restaurantes, junto con yates lujosos, discotecas y *boutiques* especializadas.

OPERADORES TURÍSTICOS RECOMENDADOS

Wine Tours Lanzarote Excelentes rutas de bodegas *(winetourslanzarote.com)*

Feeling Lanzarote Asociación de guías con diversas excursiones *(feelinglanzarotetours.com)*

Eco-Insider Avistamiento de aves con expertos *(eco-insider.com)*

Olita Trek & Bike Base en Costa Teguise; divertidas rutas de senderismo *(olita-treks.com)*

Senderismo Lanzarote Empresa con filosofía verde *(senderismolanzarote.com)*

Lanzarote a Caballo Rutas por La Geria, Famara y el sur *(lanzaroteacaballo.com)*

Kayak Lanzarote Para descubrir el sur desde el agua *(www.kayaklanzarote.com)*

Bañarse en la playa del Reducto

PLAYA

PLANO: 10 P. 42 **A6**

Algo menos concurrida que las playas de Costa Teguise o Puerto del Carmen, la playa del Reducto es un remanso de paz en la franja oeste de Arrecife, cerca del parque Islas Canarias. Su arco de arena dorada de medio kilómetro está salpicado con palmeras y bañado por tranquilas aguas atlánticas de poca profundidad, lo que atrae un público tanto local como visitante. Cuenta con bandera azul y tiene también zona de baño accesible. En los últimos años se ha reformado el paseo marítimo que bordea la playa, transformándolo en un relajado espacio peatonal con carril-bici.

Deambular por Playa Honda

PUEBLO, PLAYA

PLANO: 11 P. 42 **A6**

A tan solo 4 km de Arrecife, cerca del aeropuerto, Playa Honda es una tranquila zona residencial ideal para descubrir recorriendo su maravilloso paseo marítimo, decorado con palmeras, que enlaza tanto con la capital como con Puerto del Carmen. Una linda playa de fina arena dorada se extiende por la mayoría de su costa, invitando al baño o a simplemente a relajarse junto al océano, mientras que sus bajas casas blancas relucen bajo el sol. Muy popular entre los lugareños, Playa Honda tiene, además, excelentes restaurantes (véase p. 49).

Hacer compras de mercadillo

MERCADOS

La mayoría de los pueblos principales de Lanzarote celebra un mercadillo semanal de productos frescos de proximidad. En la capital, se puede visitar cada sábado por la mañana el **mercadillo agrícola de Arrecife** (PLANO: 12 P. 42 **C5**), con puestos bajo las palmeras en la preciosa plaza de Las Palmas. Los agricultores y productores de la isla ofrecen quesos de cabra artesanales, panes recién horneados, fruta ecológica y frascos de mojos, entre otros. Costa

LOS MAJOS

Aunque todavía existen muchas incógnitas sobre la población aborigen de Lanzarote, se considera que el pueblo majo pudo haber llegado originalmente desde el norte de África alrededor del año 100 a.C. Se cree que los majos vivían del pastoreo (especialmente de ovejas y cabras) y del marisqueo en la costa. Se asentaban en zonas fértiles y construían maretas para recoger agua. Con la colonización europea iniciada en 1402, muchos fueron capturados y esclavizados. Investigaciones arqueológicas recientes indican que esta población utilizaba dos sistemas de escritura: el líbico-bereber y el líbico-latino.

Teguise, por su parte, organiza cada miércoles desde las 18.00 el **mercadillo artesanal de Costa Teguise** (PLANO: 13 P. 42 **B2**), en el Pueblo Marinero, con puestos de joyería de diseño local, cosmética de aloe vera, jabones naturales y otras curiosidades, todo con un marcado punto original.

Descubrir el mundo submarino

BUCEO

PLANO: 14 P. 42 **B2**

Hay excelentes lugares para bucear en la costa norte de la isla, en particular alrededor de Costa Teguise, que cuenta con varias academias. Junto a la playa de las Cucharas, **Aquatis Diving,** con calificación SSI, organiza inmersiones para distintos niveles en la playa del Jablillo, la costa de Mala y la isla de La Graciosa, además de cursos *(www.aquatisdivinglanzarote.com)*.

ARTESANÍA DE LANZAROTE

Carlos Martínez Arrocha, ceramista y dueño de Timijota Studio en Tinajo. *@timijotastudio*

La artesanía en Canarias y en concreto la cerámica está muy ligada a la peculiar historia y cultura de las islas Canarias. Sus gentes, con el paso del tiempo, han desarrollado técnicas especiales para adaptarse a la singularidad de su clima y al entorno, creando desde piezas de artesanía únicas con barro local extraído de canteras del risco de Famara, hasta intervenciones arquitectónicas integradas en el entorno volcánico de la isla. También recomiendo visitar el **mercadillo de Haría** (véase p. 113) los sábados por la mañana, donde se puede encontrar una gran variedad de artesanía local.

SUGERENCIAS

Lo mejor para...

Localizaciones en el plano de la **p. 42**

€ Económico €€ Medio €€€ Alto

Comer

Cocina creativa

SeBE €€€
15 B1
Con el respetado cocinero Santi Benéitez a los fogones, es uno de los grandes de la gastronomía lanzaroteña. Su especialidad son los innovadores arroces de temporada, como el de carabinero de La Santa o la carne fiesta de pluma ibérica. *seberestaurant.es; 13.30-15.30 y 20.00-21.30 lu-vi*

Lilium €€€
16 H4
Una ambiciosa reformulación del producto canario imbuye la cocina del chef Orlando Ortega, alumno de El Bulli. En su restaurante de Marina Lanzarote esperan exquisiteces como lubina con salsa de *ponzu. restaurantelilium.com; horario variable*

Alarz €€
17 A6
Junto al océano, en el Arrecife Gran Hotel, adentra al comensal en un creativo mundo de inspiración canaria fusionada con sabores internacionales de la mano del chef Paco Medina. *restaurantealarz.es; 19.00-24.00 ma y mi, 13.30-24.00 ju-sa*

Tapas y raciones

Taberna El Bocadito €€
18 B1
Rústica taberna de Costa Teguise con fama por su barra repleta de tapas y pinchos caseros: tortilla de patata, pimientos rellenos, enorme variedad de croquetas. También tienen carta de ensaladas, hamburguesas y otras delicias. *www.instagram.com/tabernaelbocadito; 12.00-23.00*

Strava €€
19 C5
Animada vinoteca-vermutería con una creativa carta de temporada, cerca de la iglesia de Arrecife. Las esmeradas raciones incluyen quesos isleños, croquetas caseras y batatas bravas con mayonesa de *kimchi. www.barstrava.es; 13.00-22.30 mi-sa, 13.00-16.30 do*

A Cuchillos €€
20 B1
Siempre hay buena onda en este rincón de tapeo en Costa Teguise; lo mejor es pedir raciones de jamón ibérico, huevos rotos o conservas junto con vinos de la isla por copas. *www.instagram.com/acuchillosmiguelsoria; 8.00-16.00 ma-ju, 8.00-18.00 vi y sa*

La Lapa €€
21 C5
Preciosa restauración de un edificio del s. XIX frente a la iglesia de Arrecife, por el equipo del célebre Mura (p. 109). Hoy es un estiloso café-bar con tapas y cartas de temporada a base de producto fresco. Organiza divertidos eventos. *www.instagram.com/lalapalanzarote; 9.30-17.00 ma-ju, 10.00-23.30 vi y sa*

Jamonería Ramón Romero €€

22 A5

Escondido a pie de calle en Playa Honda, está especializado en embutidos y productos ibéricos, además de quesos nacionales y platos del día que cambian. Se puede degustar en su terraza con mesas hechas de barriles. *12.00-24.00 ma-sa*

En el Charco de San Ginés

Charco Vivo (Antigua Casa Ginory) €

23 E4

Todo un clásico, a un paso del Charco de San Ginés, tanto para desayunar como por su rústica carta canaria. Destacan el bocata de pescado, las tapas marineras, el "matrimonio" (pescado con calamares) y los caldos típicos. *www.charcovivo.com; 7.30-16.00 lu-sa*

Restaurante Cala €€

24 D4

El chef Luis León apuesta por una elegante gastronomía canaria reinterpretada en su restaurante con terraza junto al Charco. Productos de la isla dan vida a platos como queso fresco a la plancha o los arroces marineros. *www.restaurantecala.com; 13.00-23.00 mi-lu*

La Puntilla €€

25 D5

Uno de los originales del Charco, en el antiguo barrio de pescadores. Tiene elegantes cartas de temporada: bacalao al pilpil, queso majorero con mojo de cilantro o arroces. *www.lapuntillacomidas.es; 12.30-15.30 y 20.00-22.30 lu-sa*

Tasca La Raspa €€

26 C4

Vermut casero, ambiente relajado y sencillas raciones que incluyen queso de Femés, salmón de Uga, croquetas de calamares o huevos con papas y sobrasada, todo con vistas a los barcos del Charco. *tascalaraspa.com; 13.00-24.00*

Desayunos y cafés

Antípoda €

27 B4

Con ambiente surfero, esta dinámica cafetería de especialidad en el corazón de Arrecife trabaja con reconocidos tostadores españoles como el barcelonés Right Side. *Cookies*, tostadas y más. *www.instagram.com/antipoda.cafe; 8.45-14.00 ma-vi, 9.00-14.00 sa*

Oppa €

28 B2

El mejor café de especialidad de Costa Teguise llega junto a riquísimos rollos de canela, *cookies* y bizcochos caseros, y populares desayunos de tostadas creativas, suculentos sándwiches y burritos mañaneros. *www.instagram.com/oppa.cafelanzarote; 9.00-14.00 vi-ma*

Amelie & Friends €

29 H4

Un favorito para desayunar en el puerto de Arrecife, con terraza y vistas a los barcos. Ideal para tomar un bol de fruta, un buen café o una tostada por la mañana, o unos vinos lanzaroteños más tarde. *www.instagram.com/amelie.andfriends; horario variable*

Bonbon €€

30 C1

Local bohemio en el que triunfan los *açaí bowls* con fruta de temporada, las tortitas dulces y saladas, las tostadas integrales con arte y otros deliciosos bocaditos (con versiones sin gluten). En Costa Teguise. *www.bonboncafelanzarote.com; 9.00-17.00 mi-do*

Levain €

31 D1

A menudo hay cola para tomar algo en esta popular panadería de Tahíche, que sirve tentadores bocadillos con su propio pan fresco, bollería recién horneada, zumo de naranja natural y más. *928 84 33 16; 7.30-20.00 mi-do*

The Brunch Break €

32 A6

A un paso de la playa del Reducto, una íntima cafetería conocida por sus exquisitos donuts artesanos (por ejemplo, de pistacho salado), y sus saludables desayunos, bocadillos y almuerzos para llevar. *www.thebrunchbreak.es; 8.00-14.30 lu-vi, 8.00-14.00 sa*

Sabores internacionales

Nakai €€

33 A5

La fusión de delicias asiáticas con producto de la isla es seña de identidad del chef Jon Pérez en Playa Honda. La carta presenta, por ejemplo, *baos* de aguacate con mayonesa de *kimchi* o chipirón con alioli de tinta. *www.instagram.com/nakaibar; horario variable*

Mi Piace €€

34 C1

Bullicioso local con terraza en Costa Teguise, donde se combina el producto lanzaroteño con sabores italianos. Hay ensaladas con salmón de Uga, *linguine* con gambas frescas, y *pizzas* en forma de volcán. *www.instagram.com/mipiacelanzarote; 13.00-23.00 mi-lu*

Emmax €€

35 A5

Con una perfecta ubicación en el paseo marítimo, esta joya de Playa Honda promete un fabuloso viaje gastronómico con raciones que marcan las temporadas, como *ramen* de pato o ensalada vegana de quinoa. *www.instagram.com/emmaxlanzarote; 12.00-21.30 ju-lu*

La Bohemia €€

36 B1

Cocina argentina en Costa Teguise especializada en carnes a la parrilla, como magníficos solomillos, secreto ibérico y excelentes hamburguesas. También hay platos caseros para picar. *www.instagram.com/labohemialanzarote; 13.00-22.30 vi-ma*

Beber

Vinos y cócteles

La SEDe

37 A5

La deliciosa carta de vinos nacionales (sobre todo Rioja Alavesa) tienta en esta elegante vinoteca de Playa Honda, donde, además, se ofrecen raciones de picoteo (jamón de bellota, quesos artesanales) y originales platos. *www.instagram.com/la_sede_vinoteca; 12.00-1.00 ma-sa*

La Novelera

38 B2

Divertido bar de cócteles en la plaza del Pueblo Marinero de Costa Teguise, con terraza para disfrutar originales creaciones (a menudo hechas con ingredientes de la isla) como una margarita de rosas. *www.lanovelerabar.com; 18.00-2.00*

Cervezas y ambiente

Nao

39 F2

La premiada microcervecería Nao se esconde en un restaurado taller de pesca con interiores diseñados por su fundador Miguel Lasso, en el puerto de Naos. Se recomienda probar sus famosas cervezas con una tabla de quesos. *naobeer.com; 18.00-23.00 ma-ju, 12.00-16.00 y 18.00-23.00 vi y sa*

La Miñoca

40 C4

Esta concurrida terraza es perfecta para relajarse con una copa de bermejo, un vermut casero o una ginebra canaria Macaronesian. También hay arepas y buenas raciones. *www.laminoca.es; 11.30-2.00 ma-do*

Pura Vida El Kiosko

41 B1

En pleno Costa Teguise, sirve cócteles, cafés, cañas, vinos de la isla y sencillos platos de picoteo en una animada terraza con vistas al océano. A menudo hay música en directo. *www.instagram.com/elkiosko pura; 17.00-tarde*

Comprar

Moda y accesorios

Siroco

42 B6

Divertida *concept store* de Arrecife cargada de pequeñas marcas independientes y sostenibles. Muchas de las piezas llevan el nombre de diseñadores canarios inspirados por el hermoso archipiélago. *bysiroco.com; 10.00-20.30 lu-vi, 10.00-14.30 sa*

Ángel Cabrera

43 C1

El artesano lanzaroteño crea estilosos pañuelos, abanicos y otras piezas con tejidos como la seda o el lino, pintando a mano sus diseños como grandes lienzos. Tiene su tienda en el hotel Meliá Salinas. *angelcabrera-art.com; previa reserva*

Alimentación

Algomás

44 B5

La gastronomía de Lanzarote domina en este delicatesen de Arrecife: sal de Janubio, quesos locales, vermut Primo, vinos del archipiélago. También tiene preciosa artesanía y organiza catas de vino. *algomascanarias.com; 10.00-21.00 lu-vi, 10.00-14.00 sa*

La Corona

45 H3

La tradición artesanal del archipiélago inspira las tentaciones del chocolatero Enrique Martín. En su elegante tienda se degustan creaciones como el bombón de chocolate blanco con *ganache* de maracuyá. *www.instagram.com/lacorona_lzt; 10.00-14.00 lu-sa*

Libros

Librería El Puente

46 C5

Excelente librería independiente a la vuelta de la esquina de la iglesia de San Ginés. *www.librerias independientes.com; 10.00-13.30 y 17.00-20.00 lu-vi, 10.00-13.30 sa*

Sugerencias de lugares para comer, beber y comprar en **p. 60**

Explora Puerto del Carmen y alrededores

Puerto del Carmen es la principal zona turística de Lanzarote, repleta de bares, restaurantes, tiendas, hoteles y apartamentos, todo a solo 10 min del aeropuerto. Pero con 7 km de costa volcánica, bonitas calas rocosas, una emergente gastronomía y cierto ambiente de pueblo marinero en su pequeño casco antiguo (en la punta oeste), también tiene su encanto. Para los amantes de las actividades al aire libre, ofrece desde buceo y esnórquel hasta yoga, *windsurf*, surf de remo, rutas en bicicleta, travesías en barco y senderos por el litoral. Tías, 6 km al norte, es el relajado centro administrativo del municipio y esconde una iglesia del s. XVIII dedicada a la Virgen de la Candelaria, patrona de Canarias. Al oeste de Puerto del Carmen espera el elegante Puerto Calero.

Cómo desplazarse

Autobús

Las líneas a Puerto del Carmen son las nº 2, 3, 6 y 24 (esta última continúa a Puerto Calero). La nº 161 conecta con el aeropuerto y con Playa Blanca.

A pie y en bicicleta

Puerto del Carmen tiene un paseo marítimo muy popular flanqueado por un carril-bici. Bike Sensations *(www.bikesensations.com)* alquila bicicletas, eléctricas y de paseo.

Automóvil y taxi

Los taxis se pueden reservar, aunque también hay paradas, como la del Hotel Fariones. Encontrar aparcamiento cerca del centro puede ser difícil.

Barranco del Quíquere (p. 59).

SERJUNCO/SHUTTERSTOCK ©

★

LO MEJOR

CALAS SOLEADAS
La Peñita (p. 55)

LITERATURA Y ARTE
Casa José Saramago (p. 56)

EXCURSIONISMO
Senderos de la Costa (p. 59)

BUCEO Y ESNÓRQUEL
Playa Chica (p. 55)

GASTRONOMÍA CREATIVA
Coentro y Vino + (p. 60)

CIRCUITO A PIE

Entre playas, palmeras y puertos

Al pisar sus preciosas playas doradas se entiende por qué Puerto del Carmen ha llegado a ser la parte más turística de Lanzarote. Un pintoresco paseo marítimo salpicado de palmeras bordea todo el litoral, ideal para pasear (o correr) mientras se disfruta de los arenales volcánicos, las vistas de Fuerteventura y el pequeño y antiguo puerto.

INICIO	FINAL	DURACIÓN
Playa de La Peñita	Varadero de Puerto del Carmen	3 km; 1 h

1 Calas soleadas

El punto de inicio depende en parte de dónde se encuentre aparcamiento, pero se recomienda comenzar junto a las acogedoras calas de **La Peñita,** al este de Puerto del Carmen. Menos concurridas que las playas centrales, invitan a un baño entre franjas de roca volcánica.

2 Jardines canarios

Unos 500 m al oeste se llega a la oficina de turismo, junto a la cual se extienden una serie de pequeños jardines de cactus y palmeras, un privilegiado balcón con vistas al sur de Lanzarote y a la vecina isla de Fuerteventura. Es un buen lugar para ver la puesta de sol sobre el Atlántico y los distantes conos volcánicos.

3 La playa principal

La **playa Grande,** la más extensa y frecuentada de Puerto del Carmen, se extiende casi 1200 m con una fina arena dorada. Dispone de hamacas, sombrillas y servicios accesibles como pasarelas de madera o -bajo petición- sillas anfibias. Sus aguas poco profundas la hacen popular entre las familias.

4 El primer hotel de Lanzarote

Junto a la tranquila **playa de los Fariones,** el lujoso **Hotel Fariones** se construyó a finales de la década de 1960, dando comienzo a la industria turística en Lanzarote. A día de hoy, se ha restaurado con estilo y ofrece un cautivador rincón para tomar un café o una copa de malvasía en la terraza rodeada de jardines subtropicales y frondosas palmeras.

5 Baño y buceo

La última cala antes de llegar al puerto es la **playa Chica,** un lugar perfecto para hacer esnórquel y bucear, con una gran variedad de peces que nadan en sus cristalinas aguas. A su lado se alza un muelle (con un concurrido bar) desde el que la gente salta directamente al océano.

6 El antiguo puerto

Hasta el *boom* turístico de la década de 1970, lo que hoy es el **Varadero de Puerto del Carmen** era el pequeño puerto pesquero de La Tiñosa. Se piensa que pudo existir incluso desde el s. xv. A la entrada se esconde una minúscula ermita de paredes blanqueadas. Desde aquí, el paseo marítimo da paso a un camino costero que continúa hasta Puerto Calero.

★ IMPRESCINDIBLE

Casa José Saramago

El escritor portugués José Saramago, galardonado con el Premio Nobel de Literatura en 1998, pasó gran parte sus últimos 18 años de vida en Lanzarote, tras autoexiliarse de su país en 1992. Una visita a su tranquila casa en Tías, rodeada de palmeras, pinos y olivos, permite conocer el lugar en el que creó varias de sus obras, junto a su impresionante biblioteca y su colección de arte.

PLANO: P. 57 **E1**

CONSEJO
La entrada (adultos/niños, 12 €/gratis) incluye una excelente audioguía y un guía. Se recomienda reservar.

Una casa hecha de libros

Un pequeño patio da paso al acogedor y luminoso hogar en el que vivió Saramago con su mujer, la periodista Pilar del Río, durante la mayor parte de sus últimas dos décadas de vida. Construida con materiales de la isla, como la piedra volcánica, la **casa** incluye el estudio en el que comenzó a escribir *Ensayo sobre la ceguera,* la cocina que alguna vez reuniera a grandes mentes creativas en torno a la mesa, y el sencillo dormitorio en el que falleció el autor en el 2010. Entre la selección de arte que decora las blancas paredes se encuentran obras de César Manrique, Ildefonso Aguilar, Antoni Tàpies y Joan Miquel Ramírez. Saliendo por la terraza corredera se llega a los elegantes jardines lleno de olivos, una especie con un importante valor sentimental para Saramago, criado entre los olivares en Azinhaga.

La gran biblioteca

Adjunta a la casa principal se encuentra la **biblioteca de Saramago,** completada en el 2006. El escritor solía empezar cada día trabajando aquí. Hoy acoge una importante colección de sus libros traducidos a más de 50 idiomas, junto con otros títulos destacados, incluida una sección dedicada exclusivamente a libros escritos por mujeres. Es un espacio íntimo en el que se respira el legado del Nobel portugués.

Escanea este código QR para precios, horarios y demás.

A
B
C
D
E
F
1
2
3
4
Ampliación
C. Reina Sofía
C. Roque Nublo
C. Jameos
C. Juan Carlos I
C. Timanfaya
C. la Graciosa
School 3S
Av. Varadero
C. Alegranza
C. Roque del Este
C. Acatife
Manta Diving
Playa Chica
Playa de los Fariones
0 100 m
Uga
LZ-501
LZ-2
LZ-505
LZ-504
LZ-40
LZ-706
Tías
Bodega Vulcano
C. San Blas
Casa José Saramago
Mácher
Camino de los Olivos
Cam. de los Llanitos
C. Los Topes
Camino Hoya Limpia
Camino Tanausú
Camino del Pozo
Véase ampliación
Rambla Islas Canarias
Puerto del Carmen
Av. Italia
Av. de las Playas
Playa de los Pocillos
Playa Grande
Playa de La Peñita
Punta el Barranquillo
Barranco del Quíquere
Risco Prieto
Puerto Calero
WeWhale Lanzarote
Bco. del Agua
Carretera Playa Quemada
Bco. del Valle
Toscón
Piedra Negra
OCÉANO ATLÁNTICO
Playa Quemada
La Puntilla
Bahía de Ávila
0 200 m
Más información
Imprescindible p. 56
Experiencias p. 58
Comer p. 60
Beber p. 61
Comprar p. 61

EXPERIENCIAS

Escaparse a Playa Quemada

PLAYA, PUEBLO

PLANO: 1 P. 57 **A4**

Al suroeste de Puerto del Carmen, la costa se vuelve cada vez más salvaje, rocosa e inaccesible. Aquí, al pie de escarpados acantilados, espera la pequeña cala volcánica de **Playa Quemada,** deliciosamente aislada y bordeada por casas blanqueadas con los marcos de las ventanas pintados de azul. Es muy conocida por sus tentadores restaurantes de pescado y marisco, ideales para almorzar en una terraza con vistas al océano y a la playa de relucientes piedras volcánicas. La playa está 12 km al oeste de Puerto del Carmen (por carretera). También se puede llegar a pie desde Puerto del Carmen por un sendero costero (8 km, 2 h); otra ruta más empinada conecta con el pueblo de **Femés** (8 km, 3 h; véase p. 69).

Degustar vinos volcánicos en Tías

BODEGA

PLANO: 2 P. 57 **E1**

Entre las bodegas más reconocidas de la isla, la **Bodega Vulcano** *(bodegavulcano.es; 10.00-14.00 lu-vi, 10.00-13.30 sa)* se dedica especialmente a la pequeña producción de vinos jóvenes, todos ellos veganos. Fue fundada en el 2007, y ahora tiene una moderna tienda en Tías en la que se pueden degustar, de forma informal, sus frescas creaciones a base de variedades de uva lanzaroteña como malvasía volcánica, diego o listán negra. En el momento de redacción de esta guía, la bodega principal solo se podía visitar con los circuitos de **Wine Tours Lanzarote** (véase p. 94).

Disfrutar de la playa de los Pocillos

PLAYA

PLANO: 3 P. 57 **F3**

Ubicada 3,5 km al noreste del varadero de Puerto del Carmen, la **playa de los Pocillos** es un ancho arco dorado de arena suave bañada por el Atlántico, fácilmente accesible por el paseo marítimo. Además de popular destino para nadar y relajarse al sol, es una de las mejores playas para practicar *windsurf* en Lanzarote.

Conocer la costa desde el agua

SURF DE REMO

PLANO: 4 P. 57 **B1**

La belleza de la costa meridional se aprecia mejor desde el agua, y la zona de Puerto del Carmen suele tener condiciones tranquilas, ideales para practicar surf de remo. Con varios años de experiencia, **School 3S** *(school3s.com)* organiza divertidas excursiones de surf de remo (desde 40 €), incluida una de 2 h a calas remotas. También ofrece clases de yoga al aire libre, yoga en tabla de surf de remo y retiros de varios días.

Darse un chapuzón en el barranco del Quíquere — CALA

PLANO: 5 P. 57 **C3**

Un rincón encantador espera en la desembocadura del **barranco del Quíquere,** al oeste de Puerto del Carmen, donde una árida cañada se funde con el océano junto a una diminuta playa de piedras negras. Unos pasos más al este se puede descender por una escalera hasta una tranquila cala bajo los acantilados y disfrutar de un baño directamente desde las rocas volcánicas. Se encuentra a medio camino entre Puerto del Carmen y Puerto Calero, con acceso en coche por un carril de tierra desde la carretera Camino del Pozo. También se puede llegar a pie por un sendero costero (1,5 km desde el varadero de Puerto del Carmen).

Avistar cetáceos — EXCURSIÓN, NATURALEZA

PLANO: 6 P. 57 **C3**

Las aguas que rodean Lanzarote constituyen el hábitat de una impresionante diversidad de cetáceos, entre ellos varias especies de delfín, como el común y el mular. Tener la oportunidad de observarlos es una maravilla. Con un enfoque responsable, **WeWhale Lanzarote** *(wewhale.co)* ofrece salidas en grupos reducidos desde Puerto Calero a bordo de un catamarán eléctrico, dotado de un micrófono submarino que permite (con suerte) escuchar a los delfines *(adultos/niños 120/70 €)*. Otra opción es una excursión por la costa para disfrutar la puesta de sol.

Descubrir el mundo submarino — BUCEO

PLANO: 7 P. 57 **B2**

Con la posibilidad de hacer inmersiones directamente desde la costa (especialmente en la zona de playa Chica), Puerto del Carmen es uno de los mejores sitios de la isla para bucear. Bajo la superficie se puede observar una gran diversidad marina como angelotes, caballitos de mar, pulpos y rayas, mientras que más allá esperan túneles submarinos, pecios y corales. **Manta Diving** *(mantadivinglanzarote.es)* ofrece tanto inmersiones para buceadores titulados (60 €) como bautizos para principiantes y cursos SSI, todo en grupos pequeños y con instructores certificados. Además, ofrece esnórquel en playa Chica.

CAMINOS Y SENDEROS

Más allá del paseo marítimo, la costa que rodea Puerto del Carmen ofrece divertidas rutas de senderismo. Se puede caminar hasta Playa Quemada (8 km, 2 h) pasando por Puerto Calero, el barranco del Quíquere (véase p. 59) y una serie de acantilados espectaculares, o incluso hasta Arrecife (10 km, 2 h) por Matagorda, el pueblo de Playa Honda y el mirador del aeropuerto.

SUGERENCIAS

Lo mejor para...

Localizaciones en el plano de la **p. 57**

€ Económico €€ Medio €€€ Alto

Comer

Tapas y raciones

Vino + €
8 B2
La gastronomía andaluza y los vinos lanzaroteños son los protagonistas en su terraza de tapeo en Puerto del Carmen, donde se pueden disfrutar de raciones caseras (pincho de tortilla, berenjenas fritas, jamón ibérico) y música en directo. *www.vinomaslanzarote.com; 13.00-0.30 mi-do*

La Ermita €
9 E1
Una barra repleta de deliciosos pinchos y montaditos, además de una carta de tapas clásicas, en una taberna concurrida del centro de Tías. Croquetas, quesos, revueltos, setas y otras tentaciones. *928 524 076; 13.00-23.00 ma-sa*

Taberna de Nino €
10 B2
Ambiente rústico, vinos de Lanzarote, algunas mesas de barril, pinchos al estilo del norte y tapas con alma canaria, como papas arrugadas, queso de cabra frito o gambas en diversas preparaciones. *www.facebook.com/latabernadeninopintxos; 13.00-23.00 ma-do*

Gastronomía creativa

Coentro €€
11 C3
Innovadora cocina global de sabores potentes y creativos a base del producto lanzaroteño de proximidad, tal es la fórmula del premiado chef brasileño João Faraco. En Puerto Calero, con raciones y menú de degustación. *www.restaurantecoentro.com; 16.30-22.30 ma-sa*

Kaori €€€
12 B2
En el Hotel Fariones (véase p. 55), presenta originales y elegantes platos que fusionan ingredientes canarios de temporada con cocina japonesa contemporánea, como *sushi* de salmón de Uga o escalivada. *www.hotelfariones.es; 19.00-22.00 ma-sa*

César €€€
13 C1
Escondido en una antigua finca restaurada como el precioso hotel-*boutique* César Lanzarote (véase p. 132), es un estiloso restaurante de cocina canaria renovada, con huerto propio y una terraza con vistas a la costa. Se recomienda reservar. *annuahotels.com; 13.00-15.30 y 19.30-22.30*

Kentia Gourmet Club €€€
14 A1
Combina innovadoras influencias internacionales con sabores canarios, y trabaja con pequeños productores lanzaroteños para crear platos como arroz negro de calamar sahariano y gambas de La Santa. *www.kentiagourmetclub.com; 19.00-22.30*

La Tegala €€€
15 D1
En su elegante restaurante de Mácher, a 5 km de Puerto del Carmen, el reconocido chef lanzaroteño Daniel Jiménez sorprende con ambiciosos menús de degustación

que celebran los productos canarios. *restaurante lategala.com; 18.30-21.30 lu-mi, 13.30-16.00 y 18.30-21.30 ju-sa*

Desayunos y 'brunchs'

Kalma Café €

16 A1

Cafetería de ambiente tropical en Puerto del Carmen, ideal para tomar tostadas artesanas, boles de fruta fresca, sabrosos *pancakes* y café de especialidad (del tostador palmero El Café de Don Manuel). Tienen otro local junto al paseo marítimo. *www.kalmacafeandbrunch.com; 9.00-16.00*

Cocina canaria

Salmarina €€

17 A4

En una antigua casa de pescadores con terraza junto a las olas en la playa Quemada, está especializado en arroces, pescado, marisco y otros platos tradicionales de sabor marinero. Con locales en Playa Honda y La Santa. *www.salmarinarestaurante.com; 11.00-23.00*

La Cascada €€

18 B2

Premiado por sus carnes a la brasa, ocupa una casa rústica cerca del varadero de Puerto del Carmen, con jamones sobre la barra. Presta especial atención a los productos frescos locales de temporada. *www.instagram.com/lacascadapuerto; 13.00-23.00*

Amura €€€

19 B3

Elegante restaurante con terraza frente a los yates de Puerto Calero, donde el producto de mercado es el protagonista. Se destaca el arroz seco con carabineros de La Santa o pescado de La Graciosa a la plancha. *restauranteamura.com; 13.00-23.00 ma-do*

Beber

Cócteles y vinos

La Barra

20 B2

La terraza-bar del sofisticado Hotel Fariones (véase p. 55) es un encantador rincón para relajarse entre bellos jardines, ya sea con un generoso vino volcánico de La Geria, una piña colada hecha con fruta fresca o leche al estilo canario. *www.hotelfariones.es; 9.00-24.00*

Kentia Gourmet Club

véase 14 A1

Creativo y original bar de cócteles de autor, donde las piñas coladas llevan piña de El Hierro braseada y los vinos proceden de reconocidas bodegas lanzaroteñas (como Vulcano o Bermejo). El restaurante (véase p. 60) es también muy popular. *www.kentiagourmetclub.com; 18.00-1.00*

Comprar

Artesanía y alimentación

Room 214

21 B2

Las creaciones artesanales de la isla son las estrellas de esta *boutique* con estilo canario: jabones naturales, cerámica inspirada en los paisajes volcánicos, marcas de moda lanzaroteñas, junto con productos de gastronomía locales. *www.instagram.com/room.2.1.4; 10.00-21.30*

Vino +

véase 8 B2

Tienda de vinos en un bullicioso bar de tapas (véase p. 60); cuenta con quesos artesanales, vinos de la DO Lanzarote, sales de Janubio y mucho más. *www.vinomaslanzarote.com; horario variable*

Sugerencias de lugares para comer, beber y comprar en **p. 72**

Explora
Playa Blanca y sur de Lanzarote

Hasta hace unas décadas un tranquilo pueblo marinero del extremo sur de la isla, Playa Blanca se ha transformado hoy en un relajado y creciente enclave turístico conocido por sus serenas calas, su multitud de alojamientos y actividades, y su emergente gastronomía. La Playa Blanca tradicional se puede apreciar (algo) alrededor de la iglesia, donde nació el pueblo de pescadores original, mientras que el soleado paseo marítimo bordea toda la costa hasta la lujosa Marina Rubicón y más allá. Al este, la reserva de la Punta del Papagayo evoca todo lo que hace de Lanzarote una isla mágica, con playas de aire salvaje escondidas entre acantilados y tranquilos senderos.

Cómo desplazarse

Autobús

Las líneas nº 6 y 60 van a Playa Blanca; desde el aeropuerto, las nº 61 y 161. La nº 30 hace una ruta circular que para también en Playa Blanca.

A pie y en bicicleta

Un paseo marítimo bordea Playa Blanca desde el faro de Punta Pechiguera (oeste) casi hasta el límite con Papagayo (este). Bike Sensations *(www.bikesensations.com)* y Papagayo Bike *(www.papagayobike.com)* alquilan bicis, incluidas eléctricas.

Playa Mujeres (p. 66).

NAEBLYS/SHUTTERSTOCK ©

★

LO MEJOR

PLAYAS PERFECTAS
Punta del Papagayo (p. 66)

EXCURSIONISMO
Senderos Lunares (p. 71)

ACTIVIDADES
Kayak, surf de remo, buceo y esnórquel (pp. 69-70)

ARQUITECTURA TRADICIONAL
Femés (p. 69)

CIRCUITO A PIE

Playa Blanca y su costa

El extenso litoral del relajado pueblo sureño ofrece pintorescas playas de fina arena acariciadas por el Atlántico, pero también revela un toque de sabor marinero y varias curiosidades históricas. A lo largo de esta ruta, que aprovecha el gran paseo marítimo, se aprecian resplendentes vistas de Fuerteventura, la isla de Lobos y, al final, la vecina Punta del Papagayo.

INICIO	FINAL	DURACIÓN
Playa Blanca	Castillo del Águila	2,7 km; 1 h

1 Playa central

Esta pequeña y encantadora cala de arena suave tostada por el sol sureño es la playa principal del pueblo. La **playa Blanca,** con bandera azul, reluce con sus vistas a Fuerteventura y está rodeada de restaurantes. Unos 200 m al suroeste hay un pequeño muelle divertido para darse un chapuzón.

2 Un pueblo pesquero

Se continúa unos pasos hacia el este por el paseo marítimo, antes de subir por unas escaleras y tomar la calle El Terminito para llegar a la **parroquia de Nuestra Señora del Carmen.** La pequeña iglesia, de paredes blancas y una nave, fue construida en la década de 1960 y rinde homenaje a la patrona de los marineros; abre solo en horario de misas.

3 Arenas doradas

De vuelta al paseo marítimo, se sigue 500 m al este hasta la preciosa **playa Dorada,** enfrente del lujoso hotel Princesa Yaiza. Es un arenal popular (especialmente para familias) por sus tranquilas aguas y sus servicios de hamacas, duchas y accesibilidad, y tiene un animado chiringuito en la punta sur.

4 Puerto deportivo

Desde la playa Dorada, un paseo de 700 m (10 min) lleva a la **Marina Rubicón,** repleta de yates, restaurantes y tiendas. Todos los miércoles y sábados por la mañana se organiza un mercadillo con puestos de productos locales, ropa, joyería y mucho más.

5 Tapas creativas

Si apetece una pausa para reponer fuerzas, **Primario Gastrobar** (véase p. 72) tiene una terraza escondida en la plaza de la Ermita, en el extremo sur de la marina, ideal para una ración de quesos de la isla con una copa de malvasía al atardecer.

6 Fortaleza junto al océano

Dejando atrás la marina, se llega pronto al **castillo del Águila,** una pequeña fortaleza circular construida con piedra de cantería. También conocido como castillo de las Coloradas, se construyó en la década de 1740, aunque tuvo que ser completamente restaurado tras sufrir un asalto pirata en 1749. Aunque no estaba abierto al público, se puede apreciar por fuera, junto con las maravillosas vistas oceánicas.

★ IMPRESCINDIBLE

Punta del Papagayo

Protegido por el árido y espectacular Monumento Natural de los Ajaches (al este de Playa Blanca), el promontorio de la Punta del Papagayo es uno de los espacios naturales más hermosos de Lanzarote (y de Canarias). A lo largo de su costa se extienden calas mágicas de fina arena dorada bañadas por aguas turquesas, tras las cuales se alzan cumbres volcánicas que rozan los 560 m de altura.

PLANO: P. 68 **F4**

CONSEJO
Se recomienda llegar temprano y evitar los fines de semana para disfrutar las playas con más tranquilidad. En coche, se accede por una pista de tierra con un puesto de control (3 € por vehículo).

Escanea este código QR para más información.

Monumento Natural de los Ajaches

Declarado Monumento Natural en 1994, la punta sureste de la isla ocupa 30 km^2 de yermos paisajes volcánicos bordeados por brillantes aguas, geológicamente la parte más antigua de Lanzarote. Escondidos entre los llanos, los barrancos, las cumbres y los acantilados se encuentran importantes restos arqueológicos, incluidos vestigios de los majos, la población aborigen de la isla, y el yacimiento de San Marcial del Rubicón, el primer asentamiento hispánico en Canarias (véase p. 71). Con suerte, se pueden avistar aves rapaces, marinas y estepales.

Playas del Papagayo

Con su aire caribeño, las seis calas vírgenes de arenas blancas que esperan entre los acantilados de la Punta del Papagayo se cuentan entre las más seductoras del archipiélago canario. La más encantadora (y concurrida) es la **playa del Papagayo** (foto), una curva de arena color crema rodeada de escarpados acantilados y con olas tranquilas. Situada 1,5 km al noroeste, la preciosa **playa Mujeres** tiene dunas salvajes y buen esnórquel. Al noreste,

DIEGYMS/SHUTTERSTOCK ©

la **caleta del Congrio** es una popular playa nudista abierta al Atlántico, mientras que la **playa del Pozo** es un paraíso dorado escondido en el lado noroccidental.

A pie o en barco

Hay varios senderos en la reserva natural, incluido uno que llega desde Playa Blanca por la playa Mujeres (6 km, 1½ h), y el desafiante camino desde Femés a Playa Blanca, pasando por el Degollado del Portugués y las playas del Papagayo (22 km, 6 h). También se puede llegar en kayak o tabla de surf de remo desde Playa Blanca (véase p. 69) e incluso en catamarán desde Puerto del Carmen con Líneas Romero *(www.lineasromero.com)*.

UNA PAUSA

En los acantilados junto a la playa del Papagayo, el chiringuito **Casa El Barba** ofrece mojitos, raciones canarias y pescado fresco *(casaelbarba.com; 12.00-20.00)*. También se puede llevar algo y hacer un pícnic en la playa.

A
B
C
D
E
F
1
2
3
4
LZ-2
LZ-701
C. la Mazada
Av. Faro Pechiguera
C. Islandia
C. Bélgica
Montaña Roja
Playa Blanca
C. la Molina
C. la Fragata
C. la Concha
Av. A. Femés
Carr. Playa Blanca
Ermita de San Marcial
C. Azalea
Castillo del Águila
C. el Drago
C. del Cercado
C. las Palmeras
Montaña Roja
C. Irlanda
Av. Faro Pechiguera
Av. Archipiélago
Av. Marítima
Av. de las Canarias
Papagayo Bike
Av. de Papagallo
Av. Marítima
C. la Calera
C. Las Palmas
Kayak Lanzarote
C. Austria
C. Mónaco
Playa de la Montaña Roja
Faro de Punta Pechiguera
Punta Pechiguera
Playa Flamingo
Punta Limones
Pura Vida Diving
Playa Blanca
Rubicón Diving
Punta del Águla
Playa de las Coloradas
Papagallo (44 m)
Playa Mujeres
San Marcial de Rubicón
Playa del Pozo
Punta del Papagayo
Playa del Papagayo
OCÉANO ATLÁNTICO
0
2 km
Más información
Imprescindible p. 66
Experiencias p. 69
Comer p. 72
Beber p. 73
Comprar p. 73

EXPERIENCIAS

Pasarse por Femés PUEBLO

Una de las sorpresas más exquisitas del sur de Lanzarote es el pequeño y tradicional pueblo blanco de **Femés,** perdido entre áridos y silenciosos paisajes entre Uga y Playa Blanca, a más de 300 m de altitud. Siguiendo la ondulante ctra. LZ702 desde Playa Blanca se llega a Femés en 10 min, con asombrosas vistas de la costa sur emergiendo a medida que se alcanza su elevado valle. El pueblo se extiende desde una plaza sombreada por palmeras, donde se alza la **ermita de San Marcial** (PLANO: 1 P. 68 **E1**), del s. XVIII, consagrada al patrón de la isla. Femés tiene además una larga tradición de producción artesanal de queso de cabra. Merece la pena una pausa para tomar un café o una comida junto al gran mirador del pueblo.

Hacer un viaje a Fuerteventura EXCURSIÓN EN BARCO

La vecina isla se avista desde todas partes de Playa Blanca. Si se dispone de tiempo, es buena idea acercarse a conocerla, aunque sea en una excursión de un día. **Líneas Romero** *(www.lineasromero.com)* ofrece varias de excursiones en barco (desde 47 €) con salida desde Playa Blanca, incluida una con escala en la isla de Lobos, de gran belleza natural, y otra al norte de Fuerteventura que combina el pueblo surfero de El Cotillo y las magníficas dunas de Corralejo. También hay ferris entre Playa Blanca y Corralejo con Líneas Romero, Naviera Armas *(armastrasmediterranea.com)* y Fred Olsen *(www.fredolsen.es)*, todos con múltiples salidas diarias.

Caminar a la montaña Roja MONTAÑA, SENDERISMO

PLANO: 2 P. 68 **B2**

Teñido de marrón rojizo, el **volcán** más cercano a Playa Blanca alcanza los 197 m de altitud y ofrece una estimulante y fácil excursión. Una sencilla ruta circular de 3 km (1 h) lleva al borde del volcán y lo recorre, con vistas de 360º de la Punta del Papagayo, Fuerteventura, las salinas de Janubio y más allá. Desde la cima se aprecia la inmensa belleza de Lanzarote, con el cráter del volcán (al que se puede acceder) extendiéndose 350 m de un lado a otro. El camino principal (hay varios) comienza en la calle Noruega, en la urbanización Montaña Baja, al oeste de Playa Blanca.

Ver la Punta del Papagayo desde el agua DEPORTES ACUÁTICOS

PLANO: 3 P. 68 **E3**

La espectacular Punta del Papagayo brilla aún más desde el agua, y una excursión en kayak o en tabla de surf de remo es una refrescante forma de descubrir el litoral sur sin dejar huella. **Kayak Lanzarote** *(www.kayaklanzarote.com)* organiza salidas de 3-4 h en kayak *(adultos/niños desde 48/40 €)* con

RUTAS DE SENDERISMO

La parte sur de la isla está repleta de interesantes rutas a pie, incluida la subida a la montaña Roja (p. 69), el camino este desde Playa Blanca hasta la Punta del Papagayo (p. 66) y una etapa de la ruta de larga distancia GR131, que cruza toda la isla (de Playa Blanca a Yaiza, por ejemplo, son 14 km; 4h). El elevado valle de Femés, al noreste de Playa Blanca, es un destino destacado de senderismo, con diversas rutas como la bajada a la playa Quemada (8 km, 3 h; véase p. 58) y el descenso a Playa Blanca por la Punta del Papagayo (22 km, 6 h).

parada para baño y pícnic, además de itinerarios de surf de remo, esnórquel y barranquismo por el sur de Lanzarote. Para los viajeros con más experiencia en kayak, se organizan también rutas de travesía para descubrir el Monumento Natural de Los Ajaches, enlazando Playa Quemada con Playa Blanca.

Sumergirse en el Atlántico — BUCEO

El litoral de Playa Blanca es uno de los mejores para practicar buceo y esnórquel en la isla. La mayoría de los puntos de inmersión se encuentran a 15-20 m de profundidad, ofreciendo gran variedad tanto para principiantes como para buceadores con experiencia. Bajo la superficie esperan rayas, angelotes, barracudas, atunes, corales naranjas e incluso tortugas. **Rubicón Diving** (PLANO: 4 P. 68 **D3**), una establecida escuela de SSI con espíritu sostenible, organiza excursiones de buceo y cursos Open Water, además de salidas al conocido Museo Atlántico (véase p. 71; *www.rubicondiving.com*). Varias escuelas de buceo ofrecen también esnórquel, como **Pura Vida Diving** (PLANO: 5 P. 68 **C3**), afiliada también a SSI *(puravidalanzarotediving.com)*.

Darse un chapuzón en las playas del oeste — PLAYA

Al oeste del pueblo hay varias playas tranquilas para descubrir. La **playa Flamingo** (PLANO: 6 P. 68 **C3**), de fina arena blanca y dorada, se encuentra 1,5 km al suroeste del centro. Es ideal para familias, con tumbonas, tiendas, vistas panorámicas de Fuerteventura y aguas cristalinas protegidas por un rompeolas. Desde ella, el paseo marítimo continúa 2 km hasta la **playa de la Montaña Roja** (PLANO: 7 P. 68 **A2**), algo más rocosa y con el concurrido Chiringuito Tropical (véase p. 73). Siguiendo al oeste, hacia el faro de Punta Pechiguera se puede parar también en una pequeña cala de piedras frente al hotel Kamezí Boutique Villas.

Explorar el sur en bicicleta

EXCURSIÓN

PLANO 8 P. 68 **D2**

Los paisajes lunares del sur invitan a recorrerlos sobre dos ruedas. Con base en Playa Blanca, **Papagayo Bike** *(www.papagayobike.com)* ofrece excursiones cada semana en bicicleta, por carretera o pistas de MTB, de dificultad media o avanzada, aunque también las hay en bicicleta eléctrica. La ruta dura 3-4 h e incluye guía, traslados y parada para un café.

Bucear en el Museo Atlántico

BUCEO

Las aguas de Playa Blanca albergan el maravilloso **Museo Atlántico,** creado por el artista británico Jason deCaires Taylor e inaugurado en el 2017. Ubicado a una profundidad de 12-15 m, es el primero de su estilo en Europa. Con sus 2500 m² y sus 300 esculturas de tamaño real, la obra (con pH neutro) trata temas tan importantes como el cambio climático y la crisis migratoria, y con el paso de los años se está convirtiendo en un arrecife artificial que atrae vida marina. La única forma de acceder es en una excursión de buceo desde Playa Blanca.

Acercarse al faro de Punta Pechiguera

FARO

PLANO: 9 P. 68 **A3**

El extremo oeste de Playa Blanca está marcado por el **faro de Punta Pechiguera,** en realidad compuesto por dos edificios uno al lado del otro y rodeados por la escarpada costa volcánica del sur, con la silueta de Fuerteventura en el horizonte. El faro original, de un solo piso y planta cuadrada, fue construido en la década de 1860 y está declarado Bien de Interés Cultural. Durante más de un siglo, iluminó el estrecho de La Bocaina, que separa Lanzarote y Fuerteventura. Hoy en día, un moderno y esbelto faro blanco continúa con esta labor. Se puede llegar hasta los faros caminando siguiendo el paseo marítimo de Playa Blanca; desde el puerto de ferris de Playa Blanca son 4.5 km hasta el faro (1 h a pie).

SAN MARCIAL DEL RUBICÓN

Con la llegada a Lanzarote en 1402 de Jean de Béthencourt, los alrededores de la Punta del Papagayo se convirtieron en el primer lugar de lo que hoy es Canarias en el que se asentaron los europeos. El **yacimiento de San Marcial del Rubicón** fue la primera población. Fundada en el s. XV, albergó la primera iglesia de las islas. En la zona se han hallado pozos medievales, un horno de cal y más de una decena de enterramientos humanos. Aún está en proceso de excavación, por lo que no está abierto al público, aunque es posible que en el futuro se convierta en un parque arqueológico.

SUGERENCIAS

Lo mejor para...

€ Económico €€ Medio €€€ Alto

Localizaciones en el plano de la **p. 68**

Comer

Cocina tradicional canaria

La Chalanita €€
10 C2
Conocido por su cálido y hogareño comedor, prepara buenas carnes, pescado y marisco fresco de proximidad. Así como arroces marineros, delicias vegetarianas y platos como solomillo flambeado en la mesa. *www.lachalanita.com; 12.30-23.30*

La Cofradía €€
11 C2
En el puerto de ferris, la animada cofradía de Playa Blanca está especializada en pescado y marisco frescos al estilo canario, como cherne a la plancha con papas arrugadas, mojos y ensalada. Buena opción también para cafés y bocadillos. *928 349 066; 6.00-22.00*

Brisa Marina (Juan El Majorero) €€
12 C2
Recetas típicas canarias en un restaurante familiar con terraza en pleno paseo marítimo. Destacan los arroces caldosos, el pescado fresco y entrantes como queso frito o gambas de La Santa. *restaurantebrisamarina.es; 11.00-23.00*

El Mirador de Femés €€
13 E1
Las asombrosas vistas del soleado sur invitan a detenerse en este restaurante rústico con terraza, junto a la iglesia de Femés, donde se sirven platos típicos como cabrito, queso frito o ropa vieja. *10.00-19.00 ju-lu*

Gastronomía creativa

Kamezí €€€
14 A2
Una experiencia culinaria inolvidable de raíces lanzaroteñas y menús de km 0 espera en este templo vanguardista galardonado, en el 2024, con la primera estrella Michelin de Lanzarote. Exquisito bar de cócteles de autor también. Imprescindible reservar. *www.kamezi.restaurant; 19.00-21.00 ma-ju, 13.00-14.30 y 19.00-21.00 vi y sa*

Primario Gastrobar €€
15 E3
Cocina canaria creativa, contemporánea y local, con terraza en la Marina Rubicón. Se pueden devorar tentaciones como quesos artesanales conejeros, pulpo a la brasa o carabineros de La Santa con huevos fritos. *primariogastrobar.es; 18.00-24.00 mi-do*

Isla de Lobos €€€
16 D2
El celebrado chef madrileño Gonzalo Calzadilla enamora con su atrevida cocina de autor de filosofía sostenible, inspirada por el recetario canario y creado con producto de la Finca de Uga (p. 82). Imprescindible reservar. *www.princesayaiza.com; 18.30-22.00 ma-sa*

Sabores globales

Citurna €€

17 E2

Divertido local de comida *casual* al este de Playa Blanca, que fusiona sabores latinoamericanos y asiáticos e influencias de *street food* con ingredientes canarios. La carta va cambiando (tacos de gambas, arepas de queso canario) y tienen deliciosos cócteles. *www.citurnacasualfood.com; 14.00-22.30 ma-sa*

Ninén €

18 C2

Acogedor restaurante en el centro de Playa Blanca, con vistas al océano, para degustar platos de pasta casera al estilo de la *nonna;* las recetas estrella incorporan pescado y marisco fresco, como los *linguine allo scoglio. ninenlanzarote.com; 13.00-15.00 y 18.30-21.30 lu-vi*

Beber

Bares con vistas

Chiringuito Tropical

19 A2

Un favorito cerca del faro de la Punta Pechiguera, con vistas a Fuerteventura, ambiente relajado, música en directo y vinos de la isla para acompañar tapas caseras de temporada, ensaladas de tomate de Tinajo y arroces marineros de fama local. *www.instagram.com/chiringuito_tropical; horario variable*

Comprar

Alimentación

Quesería Rubicón

20 F1

Enfrente de la plaza de Femés, una celebrada quesería de tercera generación familiar continúa la tradición del queso de cabra artesanal del pueblo; la tienda tiene otros productos locales. *www.instagram.com/queseriarubicon; 10.00-16.00 lu-sa*

Kamezí Deli Market

21 A3

Estiloso delicatesen vinculado al restaurante Kamezí (véase p. 72). Ofrece pan y bollería recién horneados, aceites de oliva canarios, sales de Janubio, fruta y verdura ecológica, y otros productos locales *gourmet. www.kamezi.restaurant; 9.00-18.00*

Diseño local

Burgao

22 C3

Originales diseños de camisetas, sudaderas y otras prendas de estilo surfero, todo hecho con materiales ecológicos y veganos e inspirado por la belleza natural de la isla. La marca tiene su base cerca del muelle de Playa Blanca. *www.burgao.es; 10.30-18.30 lu-sa*

Sugerencias de lugares para comer y comprar en **p. 84**

Explora
Parque Nacional de Timanfaya, Yaiza y alrededores

El mayor espectáculo de Lanzarote, el Parque Nacional de Timanfaya, nació de las desastrosas erupciones volcánicas de 1730-1736 y 1824. Hoy este árido, único y silencioso mundo lunar, casi vacío de vida, alberga 25 conos volcánicos entre sus asombrosos paisajes pintados de cobre, gris, corinto y negro. A su alrededor esperan los fascinantes pueblos blancos de Yaiza, Uga (dos de las localidades más antiguas de la isla) y, anclado en la costa, El Golfo. Más allá del parque nacional, esta zona de la isla permite perderse entre tranquilos senderos y rocosas costas volcánicas batidas por el Atlántico. Y a pesar del catastrófico impacto de las erupciones, a raíz de ellas también nació la industria del vino de La Geria.

Cómo desplazarse

Autobús
La línea nº 60 conecta Uga y Yaiza con Arrecife y Playa Blanca; la nº 161 comunica Yaiza con Playa Blanca, Puerto del Carmen y el aeropuerto; y la nº 16 hace parada en Mancha Blanca (para la Caldera Blanca).

Automóvil
Para llegar al Parque Nacional de Timanfaya o El Golfo no hay transporte público, por lo que un vehículo de alquiler es esencial.

Charco de los Clicos (p. 82).
MARKUS MAINKA/SHUTTERSTOCK ©

★

LO MEJOR

RESERVA NATURAL
Parque Nacional de Timanfaya (p. 78)

LITORAL
El Golfo (p. 81)

EXCURSIONISMO
Caldera Blanca (p. 82)

PUEBLOS
Yaiza (p. 76)

PARAJE HISTÓRICO
Salinas de Janubio (p. 81)

CIRCUITO A PIE

El encanto de Yaiza

A pesar de estar inmediatamente al sur del hoy Parque Nacional de Timanfaya, el hermoso pueblo de Yaiza sobrevivió milagrosamente a las erupciones del s. XVIII. Es uno de los pueblos mejor conservados del archipiélago, con su elegante arquitectura tradicional, sus bellas buganvillas y sus vistas de paisajes volcánicos.

INICIO	FINAL	DURACIÓN
El Lomo del Cura	Bar Stop	1 km; 30 min

1 Vistas volcánicas

Lejos de la costa sur, que sufrió continuos ataques piratas, Yaiza nació en el s. XVI como caserío agrícola y ganadero. Desde el **Lomo del Cura,** en el extremo sur del pueblo, se puede apreciar lo cerca que llegó el furor de Timanfaya en la década de 1730; unos escalones de piedra volcánica suben entre jardines hasta un camino de tierra rojiza con vistas al mar de lava de Timanfaya. Según cuenta la tradición en la isla, fue desde este lugar donde el párroco de Yaiza, don Andrés Lorenzo, observó las erupciones volcánicas y dejó testimonio de ellas en un célebre manuscrito. Si se dispone de tiempo, incluso es posible ascender hasta la cima del cerro a pie.

2 Arquitectura religiosa

Las calles blanqueadas de Yaiza llevan a la **iglesia de Nuestra Señora de los Remedios,** junto a la plaza principal. Fue construida en el s. XVIII sobre una ermita de 1699 y en su interior guarda un retablo barroco. La puerta del templo está protegida por un ombú traído (se cree) desde las pampas argentinas.

3 Líneas canarias

Frente a la iglesia, se llega a la **Casa de la Cultura Benito Pérez Armas,** casa natal del reconocido escritor y político lanzaroteño que lleva su nombre. El edificio, del s. XVIII, con paredes encaladas y típicos ventanales verdes, tiene un gran patio central y acoge exposiciones puntuales.

4 Núcleo sur

La plaza de los Remedios revela una puerta adicional enmarcada en piedra en la cara sur de la iglesia. Se sigue hasta llegar al **ayuntamiento de Yaiza,** bajo la sombra de las palmeras. La vecina calle Barranco de la Molina luce hermosas buganvillas.

5 Artesanía isleña

Un acogedor edificio de paredes blancas y piedra volcánica acoge el **Centro de Artesanía La Antigua Escuela,** en el que se pueden conocer las propuestas de varios artesanos locales, como la preciosa bisutería de Atelier Sandra. También hay un sencillo café-bar de tapas.

6 Un bar con historia

De vuelta a la avenida principal, todo recorrido por Yaiza debe incluir una parada en el famoso **Bar Stop** (véase p. 85), junto a la iglesia, cuyos orígenes se remontan a finales del s. XIX.

★ IMPRESCINDIBLE

Parque Nacional de Timanfaya

La insólita belleza del Parque Nacional de Timanfaya constituye uno de los paisajes más singulares de España. Surgidas entre 1730 y 1736 por violentas erupciones, las montañas del Fuego son el epicentro en 51 km^2 de pura magia volcánica. Resplendentes conos dan paso a retorcidas olas de lava solidificada, rodeadas por una silenciosa fantasía volcánica teñida de rojizo, negro, gris y granate, en la que solo sobreviven un puñado de especies.

PLANO: P. 80 **B3**

CONSEJO
La ruta de los Volcanes es por orden de llegada (no se puede reservar) y a menudo hay colas para acceder a Islote de Hilario. Suele haber menos afluencia a partir de las 14.00.

Escanea este código QR para horarios, precios y demás.

Historia

Las erupciones que se iniciaron el 1 de septiembre 1730 devastaron casi 200 km^2 del sur de la isla, incluyendo 21 pueblos y aldeas e importantes terrenos de labranza. Durante seis años, 48 millones de metros cúbicos de lava diarios fueron lanzados al océano. Otra erupción, en 1824, provocó la aparición de tres nuevos volcanes: Tao, Tinguatón y Nuevo del Fuego. En 1974, este inhóspito paisaje lunar (donde hoy solo viven lagartos, conejos, musarañas canarias, ratas negras y 200 especies de líquenes) se convirtió en el Parque Nacional de Timanfaya, con el famoso restaurante El Diablo, diseñado por César Manrique. Al norte, este y sur se extiende el **Parque Natural de los Volcanes,** una maravilla de malpaís de 102 km^2 (y acceso libre); no hay que perderse el sendero de la Caldera Blanca (p. 82), o la ctra. LZ56 entre Mancha Blanca y el volcán del Cuervo (p. 89).

Acceso al parque

El centro de recepción principal está en **Islote de Hilario,** un mirador/restaurante diseñado por César Manrique, 2 km al oeste de la ctra. LZ67 (señalizado 8 km al noreste de Yaiza). A no ser que se

ROBERT HARDING VIDEO/SHUTTERSTOCK ©

haya reservado una ruta de senderismo guiada o se esté recorriendo la ruta del Litoral (p. 81), la única forma de acceder al parque nacional es la ruta de los Volcanes, un circuito en autobús que recorre 14 km (35 min) hasta el corazón de la zona protegida, atravesando uno de los espacios volcánicos más espectaculares del mundo. Los buses salen de Islote de Hilario, donde también hay información sobre el ecosistema volcánico.

UNA PAUSA
El Diablo
(p. 84) es el restaurante del parque nacional, creado por César Manrique. Yaiza tiene recomendables restaurantes, como la Bodega de Santiago (p. 84).

Centros de visitantes

El **centro de visitantes de Mancha Blanca** (PLANO: 1 P. 80 **D3**), 2,5 km al suroeste de Mancha Blanca, en la ctra. LZ67, ofrece información sobre rutas de senderismo, un excelente museo audiovisual sobre la geología de la zona y un simulador de erupciones. También dispensan consejos en el **punto de información de Echadero de Camellos** (PLANO: 2 P. 80 **C4**; *cerrado fines de semana*), 2,5 km al sur del desvío a Islote de Hilario.

Más información
Imprescindible p. 78
Experiencias p. 81
Comer p. 84
Comprar p. 85
0 4 km
A
B
C
D
1
2
3
4
5
6
OCÉANO ATLÁNTICO
Caleta de los Reyes
Playa del Calladito
Tenesar
Punta Gaviota
Playa de Chó Gregorio
Islotes de Punta Gaviota
Islotes del Cortijo
Islotes del Gato
Playa de la Madera
Playa de las Malvas
Punta del Paletón
Caleta de Chó José Luis
Islotes de los Betancores
Islote de Montaña Bermeja
Casas del Islote
Caldera Blanca 6
El Temblejedor
Islote de los Conejos
Punta de la Ensenada
Playa del Cochino
El Volcán
Las Cañas (458 m)
Centro de visitantes Mancha Blanca 1
Cueva de los Pescadores
Cueva del Lago de Lava
El Caldero
Caldera Roja (427 m)
LZ-67
Montaña del Chinero (356 m)
Baja de los Cangrejos
Montaña de Halcones (103 m)
Parque Nacional de Timanfaya
Los Miradores (509 m)
Pico Partid (517 m
16 Fuego (510 m)
Caldera del Carazoncillo (267 m)
Playa del Paso
Montaña Rajada (373 m)
Montañas del Fuego
2 Punto de información Echadero de Camellos
Montaña Encantada (246 m)
3 15
El Golfo 14
Montaña Tremesana (328 m)
LZ-67
Montaña Chupaderos (432 m)
7 Charco de los Clicos
Parque Natural de los Volcanes
La Geria
Montaña Bermeja (106 m)
LZ-703
LZ-704
LZ-30
Los Hervideros 8
11
17 18
Yaiza
20 9 Mercado de Uga
19
Valle de Fenauso
13
12 Uga
10 Salinas
4 de Janubio
La Hoya
5
Playa de Janubio
La Degollada
Las Casitas de Femés
LZ-2
Valle de Femés
Atalaya de Femés (608 m)
LZ-702
Pico Naos (419 m)
LZ-706
LZ-2
Puerto Calero
Las Breñas
Femés
Playa Quemada
Bahía de Ávila

EXPERIENCIAS

Ver la puesta de sol en El Golfo

PUEBLO

PLANO: 3 P. 80 **A4**

Enclavado en la costa suroeste de la isla, con el Timanfaya al norte y rodeado de alucinantes conos volcánicos, el relajado y antiguo pueblito pesquero de **El Golfo** tiene fama por sus excelentes restaurantes de pescado y marisco, además de su arquitectura costera tradicional y su resplendente laguna verde (véase p. 82). Junto a la rocosa costa se extienden pequeñas casas encaladas con ventanas y puertas azules y verdes. Resulta un lugar fabuloso para disfrutar la puesta de sol frente a las olas del Atlántico o de una pausa a la hora de la comida.

Pasear por las salinas de Janubio

SALINAS

PLANO: 4 P. 80 **A5**

En funcionamiento desde 1897 y con un importante valor patrimonial, medioambiental y arquitectónico, las relucientes **salinas de Janubio** (9 km al oeste de Yaiza) son de las pocas que aún quedan en funcionamiento en Canarias. En su momento, llegó a haber 26 salinas en Lanzarote. Con reserva previa *(salinasdejanubio.com)*, se puede hacer un excelente circuito guiado de 90 min que acaba con una cata de sales y vinos de Lanzarote. La visita *(adultos/niños 22/10 €)* incluye pasear entre las salinas originales (el 20% de ellas siguen activas) y un antiguo molino restaurado. También hay una cafetería-bar con quesos, vinos y

SENDEROS DE FUEGO

Si se planea con antelación, se puede explorar el Parque Nacional de Timanfaya a pie, aunque solo haya dos rutas de senderismo dentro de sus límites. La difícil **ruta del Litoral** (9 km, 4 h), de acceso libre (con calzado adecuado), discurre hacia el norte desde El Golfo hasta la playa de la Madera (p. 83). La **ruta Tremesana,** guiada (3 km, 3 h), sale de Yaiza, en grupos de ocho personas, varias veces a la semana; se debe reservar en línea *(www.reservasparquesnacionales.es)* con toda la antelación posible o, como último recurso, llamar al centro de visitantes de Mancha Blanca (p. 79) un par de días antes por si ha habido alguna cancelación. También se ofrece una versión más corta semanal y guiada de la ruta del Litoral (2,8 km, 3 h), que se reserva por los mismos medios. Las rutas guiadas son gratuitas; solo hay que ser mayor de 16 años. No hay que perderse tampoco los increíbles senderos (sin restricciones) del Parque Natural de los Volcanes, donde destacan la Caldera Blanca (p. 82) y el volcán del Cuervo (p. 89). **Olita Trek & Bike** *(olita-treks.com)* ofrece divertidas excursiones de senderismo por estos paisajes.

cervezas artesanales, y una tienda de productos locales.

Frente a las salinas se encuentra la volcánica **playa de Janubio** (PLANO: 5 P. 80 **A5**), perfecta para un paseo, pero peligrosa para el baño, por sus fuertes corrientes.

Hacer una excursión a la Caldera Blanca

SENDERISMO

PLANO: 6 P. 80 **D2**

Uno de los senderos más espectaculares de Lanzarote es la subida a la majestuosa Caldera Blanca, en el Parque Natural de los Volcanes, en la frontera noreste del Parque Nacional de Timanfaya. La ruta parte desde un aparcamiento 2 km al oeste de Mancha Blanca y atraviesa un malpaís de lava, antes de subir de forma abrupta al borde de la caldera (3 km). Muchos senderistas se animan a continuar hasta el punto más elevado de la caldera (unos 1,5 km más); desde la cima, a 461 m de altitud, se avistan el Timanfaya, Famara y la isla de La Graciosa. La ruta completa de ida y vuelta son 9 km (3½ h); se debe tener en cuenta que el sendero incluye fuertes pendientes y algunas secciones resbaladizas. Tras la excursión, el Teleclub de Mancha Blanca (véase p. 96) es ideal para reponer fuerzas.

Conocer el Charco de los Clicos

LAGUNA

PLANO: 7 P. 80 **A4**

Al borde de El Golfo, una pequeña laguna de color verde esmeralda espera escondida en el cráter de un volcán sumergido en el Atlántico. También conocida como el Charco Verde (por las microalgas que contiene), se hizo famosa en la década de 1960 por su aparición en la película *Hace un millón de años*. Más tarde cautivó a Pedro Almodóvar, quién rodó en la zona escenas de *Los abrazos rotos*. Las paredes texturizadas de roca volcánica realzan los intensos tonos del agua. Debido al frágil entorno natural,

FINCA DE UGA

Los quesos más galardonados de Lanzarote proceden de la reconocida **Finca de Uga** *(fincadeuga.com)*, junto a la ctra. LZ2, en Uga. Fundada en el año 2006, esta finca de 70 000 m² es un paraíso completamente sostenible que se nutre de materias primas canarias. Su queso madurado de vaca Don Nicolás ganó el premio a mejor queso de España en el Campeonato Gourmet Quesos del 2024. Todos se elaboran respetando al máximo las técnicas tradicionales, a base de la leche de sus propias cabras, vacas y ovejas, y las frutas y hortalizas se cultivan estacionalmente. En el momento de redacción de esta guía no se encontraba abierto al público para visitas, pero sus productos se pueden probar en varios restaurantes de la isla o bien adquirirlos en tiendas de alimentación.

PLAYAS DE TIMANFAYA

En la punta norte del Parque Nacional de Timanfaya, ya en el municipio de Tinajo, se esconden dos solitarias y salvajes playas de arena y roca negra, la **playa de la Madera** y la **playa de las Malvas,** rodeadas de paisajes tallados por las erupciones volcánicas. Deben su singular forma a la erosión que han sufrido las coladas de lava a lo largo de las décadas. Una pista de tierra conecta con la ctra. LZ67 (que enlaza Mancha Blanca con Islote de Hilario), aunque no es recomendable para coches de alquiler porque no suelen incluir posibles desperfectos en el seguro. También se puede llegar siguiendo el sendero de la ruta del Litoral (véase p. 81). En todo momento, se desaconseja el baño en ambas playas por las peligrosas corrientes.

no está permitido acercarse a la orilla, pero se puede admirar su curiosa forma semihundida desde un mirador en la punta sur de El Golfo.

Sentir la naturaleza en Los Hervideros PAISAJE

PLANO 8 P. 80 **A5**

Unos 5 km al sur de El Golfo, el Atlántico embate una pareja de cuevas costeras de origen volcánico y crea un impresionante remolino oceánico. Se puede pasear por una serie de cortos caminos por el litoral rocoso, que conducen hasta varios miradores elevados desde los que es posible disfrutar del espectáculo natural de Los Hervideros. Para gozar de la experiencia con más tranquilidad, se recomienda llegar temprano.

Descubrir Uga y su mercadillo PUEBLO

Menos visitado que la vecina Yaiza, el pueblo de interior de Uga es uno de los más antiguos de la isla, pues sus orígenes se remontan al s. XVI. Sus casas blancas descansan bajo palmeras alrededor de la iglesia de San Isidro Labrador. Los sábados y domingos por la mañana *(hasta las 14.00)* se monta junto a la iglesia el **mercado de Uga** (PLANO: 9 P. 80 **C5**), en el que se pueden comprar productos frescos (la mayoría ecológicos) del campo lanzaroteño: vinos, quesos, licores, mermeladas, fruta y verdura.

Localizaciones en el plano de la **p. 80**

SUGERENCIAS

Lo mejor para...

€ Económico €€ Medio €€€ Alto

Comer

Cocina creativa canaria

Mirador de las Salinas €€
10 A5
Las magníficas salinas de Janubio enamoran desde la terraza de este respetado restaurante de raíces marineras, con exquisitos arroces, pescado fresco y recetas de inspiración canaria. *www.miradordelassalinas.com; 13.00-21.00 vi-mi*

Bodega de Santiago €€
11 C5
Un antiguo ficus da sombra a la pintoresca terraza de esta cuidadosamente restaurada casona del s. XIX en Yaiza. La carta juega con los mejores ingredientes de Lanzarote y la península en innovadoras recetas como el cherne horneado con espuma de batata. *labodegadesantiago.com; 13.15-22.30 ma-sa, 13.00-17.00 do*

Bodega de Uga €€
12 C5
En una elegante bodega-restaurante familiar, con terrazas ajardinadas, los menús cambian cada día según el producto local de temporada. Las tapas y raciones suelen incluir ensaladas, quesos y carnes a la brasa. *www.instagram.com/bodegadeuga; horario variable*

La Casona de Yaiza €€
13 C5
Sabores canarios e influencias internacionales se combinan con arte –quesos artesanales, secreto de cerdo canario, pescado del día– en una finca del s. XIX reformada con encanto rústico. *www.lacasonadeyaizarestaurante.com; 13.30-21.00 ju-lu*

Cocina tradicional canaria

Costa Azul (Casa Tato) €€
14 A4
Entre los restaurantes de El Golfo, destaca por su animada terraza costera y sus elegantes raciones de viandas tradicionales canarias, como queso de cabra, potaje canario, carabineros a la plancha o arroces para compartir. *elgolfolanzarote.com; 12.00-22.00*

Restaurante Bogavante €€
15 A4
Otro favorito de El Golfo, a orillas del mar, con mesas bajo sombrillas dispersas por la arena. Las especialidades lanzaroteñas llenan la carta: morena frita, excelentes arroces, cherne o vieja a la plancha. *www.instagram.com/bogavanterestaurante; 12.00-20.00 vi-mi*

Restaurante El Diablo €€
16 C3
Diseñado por César Manrique, el único restaurante en el interior del parque nacional prepara carnes al horno de piedra usando el calor natural del volcán, además de típicos platos canarios. La enorme cristalera circular tiene vistas al Timanfaya, y también hay una cafe-

tería. *www.cactlanzarote.com; 12.00-15.45*

Tapas y café

Bar Stop €

17 C5

Una parada de picoteo de toda la vida, lleva desde 1890 enfrente de la iglesia de Yaiza. Sus raciones y tapas caseras se disfrutan en un par de mesas con taburetes a pie de calle; son muy conocidas las típicas garbanzas. *7.00-21.00*

Santa Catalina €

18 C5

Relajada cafetería de Yaiza con sabor italiano, ideal para tomar un *espresso*, un vermut lanzaroteño, un dulce casero o un bocadillo de, por ejemplo, *mozzarella*, tomate y albahaca. *www.instagram.com/santa_catalina_cafe; 11.00-20.00*

Comprar

Productos locales

Ahumadería de Uga

19 C5

Uno de los productos estrella de Lanzarote es el salmón ahumado (de Noruega y Escocia) que ahúma esta pequeña empresa familiar a diario en hornos artesanales, con sal de Janubio. Se deja ver en todo buen restaurante local. *www.facebook.com/ahumaderiadeuga; 10.00-14.00 ma-sa*

Mama Pepa

20 C5

Pepa Calderó crea jabones, champús sólidos y sales de baño usando exclusivamente ingredientes naturales (muchos de ellos ecológicos), como el aceite de oliva o de coco y las hierbas esenciales, comprados a pequeños productores locales. En Uga. *mamapepa.com; 10.00-14.00 lu-vi*

Restaurante El Diablo.

Sugerencias de lugares para comer, beber y comprar en **p. 96**

Explora La Geria y tierra de vinos

Nacida de las catastróficas erupciones volcánicas del s. XVIII, la zona vitivinícola de La Geria, Paisaje Oficial Protegido, es una maravilla de la naturaleza aprovechada por sabios y tradicionales vinateros. En este misterioso y sobrenatural entorno lunar, bordeado al noroeste por el Parque Nacional de Timanfaya y el Parque Natural de los Volcanes, paredes de piedra en forma de media luna protegen las bajas viñas que arraigan en arenas de lava. En las vecinas zonas de Masdache y Tinajo también se cultivan vides. Al norte, los salvajes paisajes combinan empinados viñedos que crecen alrededor de relucientes conos volcánicos, hasta llegar a la rocosa y poco turística costa en torno a La Santa.

Cómo desplazarse

Autobús

Las líneas nº 16, 52 y 53 conectan Arrecife con La Santa, pasando por San Bartolomé, Mozaga, Tao, Tiagua, Mancha Blanca y Tinajo. La nº 32 comunica San Bartolomé y Masdache con Arrecife y Playa Honda.

Automóvil

Para llegar a las bodegas se recomienda tener coche propio o hacer una excursión guiada.

A pie

La Geria se puede explorar a pie o en bicicleta. Olita Trek & Bike *(olitra-treks.com)* y Senderismo Lanzarote *(senderismolanzarote.com)* ofrecen rutas.

Casa-Museo del Campesino (p. 93).

CACT LANZAROTE ©

LO MEJOR

VINO
Bodegas de La Geria (p. 90)

EXCURSIONISMO
Volcán del Cuervo (p. 93)

COMIDA TÍPICA
Teleclub (p. 96)

PUEBLO COSTERO
La Santa (p. 89)

ARQUITECTURA
Casa-Museo del Campesino (p. 93)

CIRCUITO EN AUTOMÓVIL

De La Geria hasta La Santa

Al norte de los famosos viñedos de La Geria, la zona de Tinajo muestra la cara más tranquila de Lanzarote, dominada por paisajes fruto de las últimas erupciones, al borde este del Parque Natural de los Volcanes. Esta ruta pasa por el corazón de La Geria antes de poner rumbo hacia la salvaje costa norte por Tinajo.

INICIO	FINAL	DURACIÓN
Uga	La Santa	25 km; 2-3 h

1 Pueblo original

El tranquilo pueblo de **Uga** (p. 83) es uno de los más antiguos de la isla. Hoy es el principal lugar de acceso a la zona sur de La Geria; si la visita coincide con el fin de semana, merece la pena conocer su mercadillo. Desde Uga, la ctra. LZ30 se adentra en los distintivos paisajes de La Geria.

2 Bodegas clásicas

Dos de las bodegas más reconocidas de la isla se encuentran una en frente de otra, 4 km al noreste de Uga: **Bodegas Rubicón** (p. 90) y **Bodega La Geria** (p. 90). Se recomienda hacer una pausa para disfrutar una visita guiada (con reserva) o probar algunos de sus vinos.

3 Vistas lunares

Tomando la ctra. LZ56 en dirección norte, el primer volcán que entró en erupción en septiembre de 1730, el **volcán del Cuervo** (p. 93), aparece en un extraordinario malpaís de lava junto a La Geria. Tras parar para admirarlo (o incluso hacer el sendero hasta su caldera), la ruta continúa 6 km por la misma sinuosa carretera hasta Mancha Blanca, atravesando paisajes de otro mundo.

4 Ermita venerada

Según la devoción popular, la Virgen de los Dolores (la Señora de los Volcanes), patrona de la isla, protegió al pueblo de Mancha Blanca durante las erupciones del s. XVIII. La **ermita de los Dolores,** al este del pueblo, fue construida en su honor usando basalto de la zona a finales del mismo siglo. Cada octubre se celebra la romería de los Dolores, una gran peregrinación a la que se unen miles de conejeros.

5 Capital municipal

Unos 2,5 km más hacia el norte, el pueblo de **Tinajo** se extiende en torno a una sombreada plaza junto a la iglesia de San Roque, una belleza blanqueada del s. XVII (aunque ahora reformada), con campanario, techo mudéjar y arcos de piedra basáltica.

6 Enclave marinero

El pueblo marinero de **La Santa,** 5 km al norte de Tinajo, es conocido por su fantástico surf, sus calles encaladas de ventanas azules y el complejo deportivo Club La Santa. Es un lugar ideal para una comida, con excelentes restaurantes, y también tiene un pequeño paseo marítimo junto al Atlántico, con vistas al risco de Famara. Con tiempo, desde aquí se puede seguir hasta Famara para terminar el circuito.

★ IMPRESCINDIBLE

Bodegas de La Geria y alrededores

La ondulante ctra. LZ30 discurre por el corazón del Paisaje Protegido de La Geria, entre Uga y Mozaga, con bodegas de renombre salpicadas entre llamativos viñedos a lo largo de su recorrido. Más allá, esperan curiosas cavas en las vecinas zonas de Tinajo, Mancha Blanca y La Vegueta.

PLANO: P. 92 **B5**

CONSEJO
Se recomienda reservar con antelación las visitas (esencial en bodegas pequeñas). Algunas grandes tienen bares para probar vinos sobre la marcha. Wine Tours Lanzarote (véase p. 94) ofrece excelentes rutas.

Escanea este código QR para más información.

Masdache y alrededores

El Grifo (PLANO: ❶ P. 92 **C4**) es una parada esencial en Lanzarote. Fundada en el año 1775, la galardonada bodega primigenia de Canarias es también una de las más antiguas de España; su distintivo logo fue creado por César Manrique. Tiene un elegante bar de vinos (p. 97) y un museo de viticultura, y ofrece varias visitas guiadas y degustaciones *(elgrifo.com)*. La vecina bodega **Vega de Yuco** (PLANO: ❷ P. 92 **C5**; foto) de Masdache produce triunfadores vinos de filosofía sostenible, sobre todo a base de malvasía y listán negro; organiza visitas guiadas con catas bajo reserva *(www.vegadeyuco.com)*. En La Florida, **Bodega Los Bermejos** (PLANO: ❸ P. 92 **C4**) fue revitalizada en el 2001 y produce vinos de mínima intervención, de uvas moscatel, diego, listán negro y malvasía *(www.losbermejos.com)*. Su circuito guiado incluye una degustación de quesos o una copa de vino.

Sur de La Geria

Más cerca de Uga, destacan **Bodega La Geria** (PLANO: ❹ P. 92 **A5**), establecida a finales del s. XIX y hoy epicentro de la Fiesta de la Vendimia cada agosto, con taberna, barra y circuitos *(www.lageria.com)*; **Bodegas Rubicón** (PLANO: ❺ P. 92 **A5**), un cortijo del s. XVII que fue recuperado tras las erupciones de la década de 1730, hoy conocido por su premiado mos-

FINCA TESTEINA - BODEGAS VEGA DE YUCO ©

catel y también con visitas guiadas *(bodegasrubicon.com)*; y **Stratvs** (PLANO: 6 P. 92 **B5**), con un buen restaurante y eventos de música en directo *(stratvs.com)*.

Bodegas artesanales

Con sede en Tao, **Bodega Erupción** (PLANO: 7 P. 92 **D3**), galardonado proyecto de Amor López, produce exquisitos "vinos de autora" con viñas familiares de tercera generación; previa reserva, se organizan rutas guiadas por los viñedos y/o catas en la bodega para conocer su historia *(bodegaerupcion.com)*. En La Vegueta, **Cohombrillo 4/24** (PLANO: 8 P. 92 **C3**) se dedica a vinos naturales; sus fantásticas visitas guiadas (solo con reserva) comienzan con la copa en mano al pasear por las viñas *(www.instagram.com/cohombrillo)*. **Bodeguita Vega Volcán** (PLANO: 9 P. 92 **B5**) es una preciosa finca de energía renovable entre La Asomada y la ctra. LZ30, con degustaciones, visitas guiadas y quesos de cabra de producción propia *(www.instagram.com/bodeguitavegavolcan)*.

UNA PAUSA

El **Chupadero** (p. 96) es una parada ideal para tapear o tomar un café con vistas hacia los viñedos.

Más información
Imprescindible p. 90
Experiencias p. 93
Comer p. 96
Beber p. 97
Comprar p. 97
0
4 km
Punta Prieta
Caleta de Caballo
La Isleta
Los Risquetes
Caleta del Caballo
La Santa
Soo (293 m)
Soo
Montaña Bermeja (102 m)
Caleta de los Reyes
LZ-401
El Cuchillo
Tenesar
Islotes de Punta Gaviota
La Costa
Muñique
La Cañada
Tinajo
Islotes del Cortijo
LZ-20
Valle del Peñ
Islotes del Gato
Tiagua
Tajaste
Yuco
Mancha Blanca
LZ-46
La Vegueta
Bodega Erupción
Caldera Blanca (149 m)
Tao
Tiguatón
Cohombrillo 4/24
Las Cañas (458 m)
LZ-20
Casa-Mus del Campesi
Caldera Roja (427 m)
LZ-56
LZ-58
Mozaga
LZ-67
Ortiz (450 m)
Casas de la Florida
Bodega Los Bermejos
Los Miradores (509 m)
Pico Partido (517 m)
Montaña Colorada
El Islote
Museo Etnográfico Tan
Caldera del Carazoncillo (267 m)
Volcán del Cuervo
El Grifo
San Bartolomé
Masdache
LZ-67
Parque Natural de los Volcanes
Montaña Blanca
Vega de Yuco
Bodegas de La Geria
LZ-30
LZ-35
LZ-503
Montaña Blanca
Bodeguita Vega Volcán
Güime
La Geria
Bodega La Geria
Stratvs
La Asomada
Conil
Bodegas Rubicón
LZ-501
Tías
LZ-2
Uga
Montaña Tinasoria (503 m)
Mácher
Aeropuerto de Lanzarote-César Manrique
LZ-505
LZ-2
LZ-504
LZ-40
Puerto del Carmen

EXPERIENCIAS

Adentrarse en el volcán del Cuervo NATURALEZA, EXCURSIONISMO

PLANO: 10 P. 92 **B5**

El 1 de septiembre de 1730, el primer volcán que entró en erupción fue el **volcán del Cuervo,** ahora perdido en un espléndido mar de lava que forma uno de los paisajes más especiales de la isla, en el Parque Natural de los Volcanes. Sus llamativas laderas están cubiertas de cenizas rojo óxido y negro brillante, y bordeadas por líquenes. Hay que dejar el coche en un aparcamiento al borde de la ctra. LZ56, 1,5 km al norte de la LZ30; desde allí parte un sencillo sendero señalizado (1,5 km, 20 min) que baja al interior del cráter, donde crecen geranios salvajes. Como curiosidad, el volcán fue uno de los lugares favoritos del escritor portugués José Saramago durante sus años en Lanzarote.

Enfrente se encuentra la **montaña Colorada** (PLANO: 11 P. 92 **B4**), llamativa por tu tono rojizo, a la que también llega un corto sendero desde la LZ56.

Explorar la Casa-Museo del Campesino ARQUITECTURA

PLANO: 12 P. 92 **D4**

Un vanguardista elogio a la dura labor de la población rural lanzaroteña durante generaciones, el **monumento a la Fecundidad** (también llamado monumento al Campesino) espera junto a una rotonda entre Mozaga y San Bartolomé. Fue realizado en 1968 por César Manrique, en colaboración con Jesús Soto, usando antiguos depósitos de agua de barcos de pesca. A su lado, la **Casa-Museo del Campesino** *(www.cactlanzarote.com),* blanqueada y con ventanas de color verde, acoge varios talleres donde se pueden conocer a artesanos locales, comprar sus creaciones e incluso apuntarse a una clase de marroquinería o sombrerería o aprender a hacer mojos canarios. Mucha gente la visita por su conocido restaurante tradicional (véase p. 97).

Comer en un teleclub GASTRONOMÍA

Uno de los imprescindibles de la gastronomía lanzaroteña son los animados teleclubs, donde la sencilla cocina típica hecha con cariño (y a buen precio) deleita al público conejero. Los teleclubs nacieron en la década de 1960 como centros sociales (solían tener la única televisión del pueblo), y a día de hoy aún quedan unos 30 repartidos por la isla. La mayoría de los pueblos cuenta con su propio teleclub, aunque no todos sirven comida. El caldo de millo, el potaje canario, los quesos de la isla con mojos o mermelada, las papas arrugadas y el almogrote son algunos de los platos tradicionales que se pueden encontrar en sus cartas (a menudo escritas en una pizarra). Algunos de los teleclubs más recomendables se encuentran al borde de La Geria (véase p. 96).

Descubrir vinos volcánicos con expertos ocales

EXCURSIÓN GUIADA

Con **Wine Tours Lanzarote** *(winetourslanzarote.com)*, los secretos de los vinos lanzaroteños se revelan en fascinantes visitas de la mano de un grupo de expertos guías. Su selección de excursiones privadas de medio día (desde 89 € por persona, con un mínimo de participantes) incluye transporte y visitas a dos o tres bodegas, normalmente combinando grandes viñedos con otros de pequeña producción. También organizan visitas cada dos semanas a la **Bodega Vulcano,** en Tías (véase p. 58).

Subir a la montaña Blanca

EXCURSIONISMO

PLANO: 13 P. 92 **C5**

Desde el pequeño pueblo encalado de Montaña Blanca, vecino de Masdache y Tías, se puede caminar hasta uno de los volcanes más altos de la isla. La cumbre de la montaña Blanca (no confundir con la Caldera Blanca en el Parque Natural de los Volcanes; véase p. 78) roza los 596 m de altitud

LOS SECRETOS DE LA VITICULTURA VOLCÁNICA

La viticultura en Lanzarote se caracteriza por una serie de elementos únicos que han situado a la isla a la vanguardia del mundo del vino canario. A las Canarias nunca llegó la catastrófica filoxera que arrasó los viñedos peninsulares en los ss. XIX y XX, por lo que aún se conservan y cultivan las antiguas variedades de uvas autóctonas lanzaroteñas. Por otro lado, las erupciones del s. XVIII crearon una capa de picón (ceniza volcánica negra) que se extendió por La Geria; el picón, que puede llegar a 3 m de profundidad, hace que la tierra retenga agua (un recurso escaso aquí), atraiga el sol y quede protegida de la erosión. A la vez, las bajas paredes de piedra volcánica, de unos 60 o 70 cm, protegen la viña del viento, que se cultiva en hoyos circulares o en zanjas perimetrales.

El 70% del vino lanzaroteño es malvasía volcánica (blanco y seco), aunque las uvas listán negro, listán blanco, diego (o vijariego) y moscatel se elaboran y aprecian más cada año. En los últimos tiempos, se han ido recuperando algunas curiosas variedades ancestrales. La D.O. Lanzarote, fundada en 1993, incluye hoy más de 30 bodegas repartidas por La Geria, Masdache, Tinajo y el norte de la isla; también hay pequeños productores independientes fuera de la D.O. El enfoque está en los vinos jóvenes (secos y con fuerte sabor mineral), y la vendimia lanzaroteña, que comienza a mediados de julio, es una de las más tempranas en Europa. Cada uva se vendimia a mano, muestra de que el éxito hay que buscarlo en la producción limitada, pero de calidad.

y desde ella se goza de maravillosas vistas de La Geria, Arrecife y el sur de la isla. El escarpado cono volcánico acoge además una serie de aljibes (llamados maretas) del s. xx en su franja sur. Junto a la ctra. LZ35, 1 km al sur del pueblo, comienza un camino de tierra hacia el borde de la caldera de la montaña Blanca (se llega en poco más de 1 km) y la cima (2 km), o bien se puede comenzar desde el mismo pueblo, que tiene una ermita blanca del s. xx.

Conocer San Bartolomé y su museo etnográfico

PUEBLO, MUSEO

PLANO: 14 P. 92 **D4**

Se cree que San Bartolomé, 7 km al noroeste de Arrecife, al borde de la zona vitivinícola, ocupa el lugar donde se hallaba el asentamiento indígena de Ajei. En el s. xviii acabó convirtiéndose en la base estratégica del gobernador militar Francisco Guerra Clavijo y Perdomo (el Mayor Guerra). Hoy en día el tranquilo pueblo es una capital municipal que se extiende en torno a una plaza a la sombra de las palmeras con varios edificios históricos (incluida la antigua casa del Mayor Guerra en la calle Serpiente), una iglesia del s. xviii y el curioso **Museo Etnográfico Tanit** *(7 €, cerrado do),* en una casona del s. xviii *(www.museotanit.com).*

NUEVOS VINOS

Ollie Horton es fundador de Wine Tours Lanzarote y Wine Shop Lanzarote. *@winetourslanz*

Los vinos de Lanzarote están pasando por una revolución. Con vinos volcánicos ahora de moda en todo el mundo, las bodegas únicas de Lanzarote no se quedan atrás. Una ola de jóvenes productores se ha instalado en la isla en los últimos años o bien se han establecido independientemente. Gracias a nuevas bodegas, como **Cohombrillo 4/24** (véase p. 91) y **Bodega Erupción** (véase p. 91), Lanzarote puede presumir de innovación, así como de una gran variedad de estilos, desde fermentaciones espontáneas naturales hasta los famosos vinos tradicionales.

SUGERENCIAS

Lo mejor para...

€ Económico €€ Medio €€€ Alto

Localizaciones en el plano de la **p. 92**

Comer

Teleclubs

Teleclub de Tao €
15 D3
Todo un favorito entre los teleclubs de la isla, con ambiente local y sencillas recetas clásicas. Destacan las bandejas de pescado fresco, la cabra guisada, el queso ahumado a la plancha con mojo, entre otros. *12.00-23.00 mi-lu*

Teleclub de Mancha Blanca €
16 B3
Tentadoras raciones de cocina conejera sin pretensiones, como queso ahumado a la plancha, papas arrugadas, gambas al ajillo y variedad de croquetas, en el desenfadado teleclub del pequeño pueblo junto a la Caldera Blanca. *Horario variable*

Teleclub de Mozaga €
17 D4
Con terraza de calle y un interior acogedor, ofrece típicas carnes como conejo o cabrito frito, guisos canarios (incluido el caldo de millo), pescados al estilo local, raciones de quesos a la plancha y croquetas caseras. *www.instagram.com/teleclubdemozaga; 13.00-22.00 ma-do*

Raciones y cocina creativa

Alma Tapas €€
18 C1
Razón sobrada para viajar hasta La Santa, este refugio gastronómico tiene la cocina de mercado y el producto local con prioridad (tacos de atún, canelones de ossobuco). *www.instagram.com/almatapas; 13.00-16.00 y 18.00-22.00 ma-vi, 13.00-22.00 sa y do*

El Chupadero €€
19 A5
Picotear en la terraza, entre los viñedos volcánicos, es encantador en este local de La Geria. Ofrece esmeradas tapas, vinos por copa y *espresso* en cafetera italiana. *www.instagram.com/el_chupadero_lanzarote; 13.00-22.00 mi-sa*

Ana Viciosa €€
20 C1
Divertido restaurante de La Santa enfocado en la cocina creativa a la brasa con inspiración *street food*. Vinos y vermús locales, y una barra de cócteles acompañan a sus originales raciones. *www.anaviciosalasanta.com; horario variable*

Cocina tradicional canaria

Caserío de Mozaga €€
21 D4
En las antiguas cuadras de una preciosa casa del s. XVIII, el restaurante del Caserío de Mozaga (p. 132) revela sabores típicos fusionados con influencias mediterráneas, acompañados por vinos El Grifo. Abre solo para cenar, reserva recomendada. *www.caseriodemozaga.com; 18.00-22.00 mi-lu*

El Barquillo (El Sótano) €
22 C1
Típico y concurrido bar sin pretensiones en La Santa, conocido por sus clásicas raciones

de tinte marinero, como gambas, pulpo o pescado a la plancha, además de papas arrugadas y queso de cabra con mermelada. *www.instagram.com/elbarquillolasanta; 10.00-22.00 mi-do*

Casa-Museo del Campesino €€

23 D4

La Casa-Museo del Campesino (p. 93) acoge un agradable restaurante de aire campestre, de referencia por su fidelidad a las recetas tradicionales. No hay que perderse el cochino confitado, el sancocho de cherne y las torrijas, o los platos de cuchara. *www.cactlanzarote.com; 12.00-16.00*

El Tenique €€

24 C3

Restaurante rústico y acogedor, especialista en carnes a la parrilla, situado junto a la carretera, en Tiagua. *Horario variable*

Beber

Cervezas y vinos de la isla

Malpeís

25 C4

Entre las cervecerías independientes más triunfadoras, Malpeís sirve innovadoras creaciones artesanales, vinos lanzaroteños y tentadoras raciones en Masdache. Tienen otro local en Tinajo. *www.malpeis.com; 13.00-23.00 ju-sa, 12.00-18.00 do*

Wine Bar El Grifo

26 C4

En una elegante terraza junto a la ilustre bodega El Grifo, su soleado bar de vinos ofrece caldos por copa; se puede probar una malvasía o un listán negro con raciones de quesos canarios, salmón de Uga o chorizo de Teror. *elgrifo.com; 10.00-18.00 lu-vi*

Comprar

Productos locales

Quesería Flor de Luz

27 D5

Premiada quesería artesanal a las afueras de San Bartolomé que elabora una gran variedad de quesos de cabra curados y semicurados, incluidos con interesantes coberturas como orégano de cosecha propia. Tiene tienda y, a veces, catas. *www.instagram.com/queseriaflordeluz; 10.00-14.00*

Mercado agrícola de Tinajo

28 B3

Los agricultores y ganaderos de la isla se congregan en un alegre mercado dominguero con puestos rebosantes de productos artesanales y ecológicos, junto a la ermita de la Virgen de los Dolores, en Mancha Blanca. También hay eventos como pisado de uvas en época de vendimia. *www.tinajo.es; 9.00-14.00 do*

La Molina

29 D4

Cuidadosamente restaurada, este molino del s. XIX de San Bartolomé es el único de Lanzarote que elabora el gofio tradicional, molido a la piedra, al igual que sus harinas artesanales, que se pueden adquirir en la tienda. Requiere reserva previa. *lamolinadelanzarote.com; 9.00-16.00 lu-vi*

Tienda Gourmet

30 B5

La reconocida bodega Stratvs (p. 91) acoge una estilosa *boutique* dedicada a la artesanía con sello de Lanzarote, repleta de cerámica, joyería, jabones y accesorios, junto con vinos Stratvs, quesos de la Finca de Uga y más. *stratvs.com; horario variable*

Sugerencias de lugares para comer, beber y comprar en **p. 108**

Explora
Teguise y La Caleta de Famara

Teguise, capital lanzaroteña hasta 1852, es uno de los pueblos más antiguos de las islas Canarias, un oasis patrimonial envuelto en tradiciones y rodeado de las áridas llanuras que dominan el centro de la isla. Originalmente un asentamiento indígena, Teguise prosperó a partir de 1418, cuando Maciot de Béthencourt (sobrino del explorador Jean de Béthencourt) se casó con la hija del cacique del poblado, de nombre Teguise. Al norte, La Caleta de Famara –pueblo pesquero donde César Manrique pasó los veranos de su infancia y Pedro Almodóvar rodó escenas de *Los abrazos rotos*– seduce con sus ardientes atardeceres, su insuperable surf, sus casas encaladas y calles de arena, y una de las playas más hermosamente salvajes de las costas españolas.

Cómo desplazarse

Autobús

Muchas líneas paran en Teguise, incluyendo las nº 7, 9, 10, 31, 52 y 53. Para el mercadillo del domingo, hay servicios especiales desde Costa Teguise (nº 11), Puerto del Carmen (nº 12), Playa Blanca (nº 13) y Arrecife (nº 14). Las líneas nº 20, 31 y 33 llegan a Famara.

Automóvil y taxi

Hay que llegar temprano para aparcar en Teguise los domingos de mercadillo. Se recomienda reservar con antelación los taxis.

Teguise (p. 102).
CRISTIAN M BALATE/SHUTTERSTOCK ©

★

LO MEJOR

CAPITAL HISTÓRICA
Teguise (p. 102)

BELLEZA NATURAL
La Caleta de Famara (p. 99)

CASA-CUEVA
LagOmar (p. 105)

ACTIVIDADES ACUÁTICAS
Surf (p. 102)

GASTRONOMÍA
Restaurante Palacio Ico (p. 108), El Risco (p. 108)

CIRCUITO A PIE

Teguise, antigua capital

La romántica capital original de Lanzarote se extiende alrededor de una plaza centenaria. Protegido desde la década de 1980 como Conjunto Histórico-Artístico, su tranquilo casco antiguo es encantador, repleto de arquitectura tradicional, empedradas calles peatonales, ventanas de madera pintadas de verde, estudios de arte y animados restaurantes y bares. Teguise fue capital hasta 1852.

INICIO	FINAL	DURACIÓN
Convento de Santo Domingo	Convento de San Francisco	1,2 km; 30 min

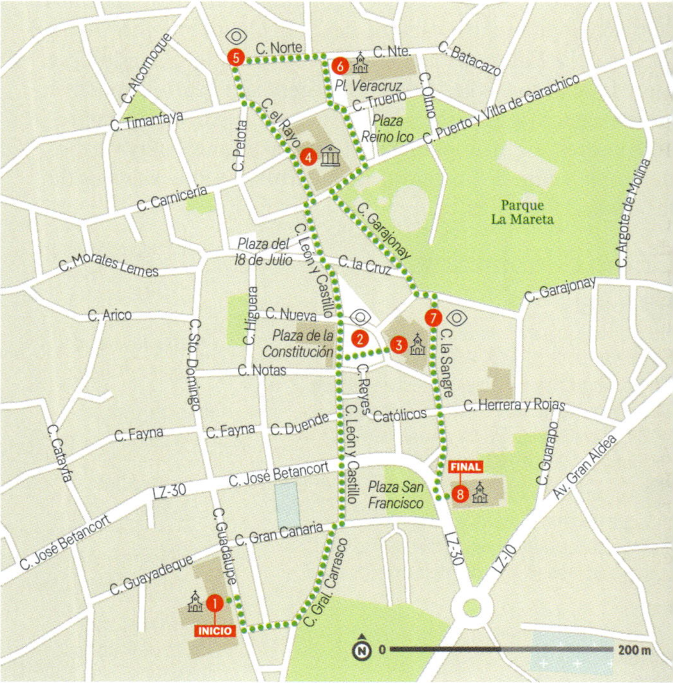

1 Antiguo convento

El centro histórico de Teguise habla de épocas pasadas y es ideal para deambular. La ruta comienza en el **convento de Santo Domingo,** un edificio del s. XVIII que hoy acoge exposiciones. Se continúa hasta la empedrada calle León y Castillo, ya en el centro del casco antiguo.

2 La plaza principal

El centro neurálgico de la villa es la bella **plaza de la Constitución,** a la sombra de las palmeras. En su esquina sur se alza La Cilla, un granero de 1690 renovado por César Manrique. La oficina de turismo y la Casa-Museo del Timple (véase p. 107) también se ubican en esta plaza central.

3 Iglesia de Teguise

Guardiana de la plaza, la **iglesia de Nuestra Señora de Guadalupe** tiene sus raíces en el s. XV, aunque fue restaurada en el s. XX tras un desastroso incendio y los daños causados por siglos de ataques de piratas y corsarios.

4 Palacete protegido

Al norte de la plaza, el **palacio Ico** fue destacado por César Manrique en su conocido libro *Lanzarote. Arquitectura inédita*. El edificio, de 1690, se convirtió más tarde en el hogar de la popular artista suiza Heidi Bucher. Actualmente es un precioso hotel-*boutique* y restaurante (véase p. 108); aunque solo se puede observar desde fuera.

5 A la sombra

Unos 200 m más al norte espera un remanso de paz en la **calle de los Árboles,** conocida por el llamativo y refrescante verde de sus enormes acacias y eucaliptos.

6 Hasta la ermita

Por la calle Norte, se gira al este para llegar a la pequeña **ermita de la Veracruz,** que data del s. XVII. Desde aquí, se camina hacia el sur por la plaza Reina Ico y la calle Garajonay.

7 Historia sangrienta

Los ataques piratas que sufrió Teguise culminaron en 1618 con un sangriento saqueo protagonizado por el corsario otomano Morato Arráez (Murat Reis). De tan malhadado suceso proviene el nombre del **callejón de la Sangre,** que bordea la parte trasera de la iglesia de La Villa.

8 Arte religioso

De vuelta a la parte sur del casco antiguo, se pasa por el **convento de San Francisco** *(cerrado lu)*, también del s. XVII, ahora transformado en museo de arte sacro. Antaño fue conocido como convento de Miraflores.

★ IMPRESCINDIBLE

La Caleta de Famara

Uno de los rincones más espectaculares del archipiélago canario, La Caleta de Famara combina el encanto de un pequeño pueblo bañado por el Atlántico con la playa más mágica de Lanzarote y el mejor ambiente de surf de la isla.

PLANO: P. 104 **C1**

CONSEJO
Famara se encuentra en un frágil entorno natural. Es importante seguir las instrucciones de aparcamiento (evitando aparcar sobre la arena) o, mejor, ir en autobús o a pie.

Una playa paradisíaca

Las doradas arenas de la **playa de Famara** se extienden a lo largo de 5 km de litoral protegido al pie de los majestuosos acantilados volcánicos del risco de Famara, un lugar donde los surfistas se enfrentan a algunas de las olas más impresionantes de las islas Canarias y la puesta de sol en un lienzo de ardientes colores que envuelven el horizonte con la isla de La Graciosa en lontananza. La playa está bordeada de bajas dunas y las arenas de El Jable, y este gran entorno natural acoge a varias especies protegidas, como el balancón (un arbusto endémico de Canarias), además de aves poco comunes.

Cuna del surf canario

La mera mención de Famara hace aparecer imágenes de olas espectaculares, y es que este es uno de los destinos de surf más reconocidos del país, con numerosas escuelas para todos los niveles. Casi todos los días se pueden ver surfistas surcando las olas atlánticas, mientras que la vecina zona de El Quemao alberga uno de los rompientes míticos de Canarias. Si apetece probar una clase de surf, se recomienda reservar con una escuela fiable y con reputación, como **Surf School Lanzarote** *(surfschoolanzarote.com)*, afiliada a la International Surfing Association (ISA). Una clase en grupo reducido de un día cuesta alrededor de 70 €; las privadas rondan los 130 €, aunque lo mejor para aprender es un cursillo de varios días. La mayoría de las escuelas de la zona ofrecen, además, clases de yoga, alquiler de equipamiento y alojamiento en sociables albergues de ambiente surfero. También hay oportunidades para practicar *kitesurf* y surf de remo.

El pueblo de Famara

La punta suroeste de la playa linda con el pequeño pueblo marinero de Famara, de unos 1000 habitantes, repleto de casas encaladas y ventanales azules. Tiene un par de recogidas calas doradas, junto a las que se puede pasear hasta un muelle con magníficas vistas del Risco. En la franja este del pueblo espera una pequeña piscina natural. Desde Famara, una pista de tierra conduce hasta la reluciente **playa de San Juan** (PLANO: 1 P. 104 **B1**), escondida 1 km al noroeste y muy apreciada por los surfistas debido a su poderosa ola de izquierda.

UNA PAUSA
La Mar Café (p. 108) es una parada ideal para disfrutar de algún plato de inspiración internacional o una copa de vino de la isla.

OPHOTOGRAPHY/SHUTTERSTOCK ©

A
B
C
D
1
2
3
4
5
6
Playa de San Juan
1
Bahía de Penedo
Caleta de Famara
10
11
15
La Caleta de Famara
LZ-403
13
Famara
6 Soo
16
Ampliación
Plaza Veracruz
C. Trueno
Plaza Reino Ico
C. Puerto y Villa de Garachico
C. el Rayo
12
C. Carnicería
26
C. Garajonay
Parque La Mareta
Mercadillo de Teguise
3
20
14
22
C. León y Castillo
Plaza del 18 de Julio
C. la Cruz
C. Garajonay
C. Nueva
Casa-Museo del Timple
7
Plaza de la Constitución
24
C. la Sangre
C. Reyes Católicos
17
28
C. Herrera y Rojas
23
18
21
25
C. Fayna
C. Duende
4
Sherezade Morales Art Gallery
27
C. Guarapo
Av. Gran Aldea
C. José Betancort
19
N
0
50 m
LZ-10
Teguise
Véase ampliación
8
Castillo de Santa Bárbara
Guanapay (445 m)
Eguzkine
Teseguite
5
LZ-10
2 LagOmar
N
0
2 km
Nazaret
LZ-30
Quesería El Faro
9
LZ-408
Más información
Imprescindible p. 102
Experiencias p. 105
Comer p. 108
Beber p. 109
Comprar p. 109

EXPERIENCIAS

Sumergirse en la arquitectura de LagOmar

ARQUITECTURA, MUSEO

PLANO: 2 P. 104 **C1**

En el tranquilo pueblo encalado de Nazaret, 2 km al sur de Teguise, se esconde uno de los edificios más fascinantes de la isla, **LagOmar** *(adultos/niños 10/4 €)*. Diseñada por César Manrique y el arquitecto Jesús Soto, es un mágico mundo de cúpulas de fantasía, escaleras retorcidas, paredes blanqueadas, habitaciones-cueva y miradores secretos, tallado en la roca natural alrededor de una piscina que parece una laguna. Aquí vivió un tiempo el actor egipcio Omar Sharif, antes de perder la casa (según cuenta la leyenda) en una partida de *bridge*. La casa abre durante el día como atracción turística, mientras que más tarde, en su evocador bar de cócteles, **La Cueva** *(www.instagram.com/lacueva_lagomar; 18.00-24.00 ma-do)*, se respira el ambiente de las increíbles fiestas de famosos que se celebraron entre sus paredes.

RINCONES ESCONDIDOS

María Álava, fundadora de Alava Suites en Costa Teguise y Alava Brand. *@mariaalava*

Recomiendo empezar el día haciendo surf en **Famara,** por supuesto, si las condiciones lo permiten. Ver el amanecer desde el agua, teniendo prácticamente la playa para ti solo, es de las mejores sensaciones. Otra parada que colma los sentidos es ver atardecer desde la **playa Montaña Bermeja** o **El Golfo** (véase p. 81). Se puede hacer un pícnic con lo mejor de la isla: vino y quesos. Suele refrescar así que lo ideal es llevar una sudadera. Para los que buscan un poco más de aventura, recomiendo el **camino de los Gracioseros** (véase p. 122), que baja desde el risco de Famara hasta una solitaria playa. No hay que olvidar llevar agua, crema solar y algo de picar.

Disfrutar el mercadillo dominguero

MERCADO

PLANO: 3 P. 104 **C1**

Lo que comenzó en 1982 como una reunión de 16 vendedores artesanales se ha convertido hoy en el enorme **mercadillo de Teguise** *(mercadillodeteguise.com)*, sin duda el más concurrido de la isla. Entre 9.00 y 14.00 cada domingo, cientos de puestos se extienden por el casco histórico vendiendo desde vinos, quesos, mermeladas y otros productos locales hasta preciosa cerámica y joyería lanzaroteña. Aunque no todo sea ya artesanía, el mercadillo sigue siendo una parada esencial para muchos visitantes y vecinos, pero hay que llegar temprano para recorrerlo con menos aglomeraciones. Debido al mercadillo, muchos otros negocios de Teguise abren el domingo, pero cierran el sábado.

Conocer arte, diseño y artesanía

GALERÍAS, COMPRAS

Teguise tiene una larga historia como punto de encuentro de los artistas de la isla, y sus preciosas calles acogen una amplia variedad de tiendas artesanales y galerías independientes. **Sherezade Morales Art Gallery** (PLANO: 4 P. 104 **B4**) es una antigua casona transformada en el estudio de la artista Sherezade Morales. Se pueden conocer (y comprar) sus piezas abstractas, muchas de ellas inspiradas en los paisajes de Lanzarote y la forma femenina *(www.sherezademorales.com)*.

Practicar yoga junto al Atlántico

YOGA

Comenzar el día con una serie de asanas o una sesión de meditación junto al Atlántico, con vistas al Risco de Famara, es todo un lujo. **Yoga Lanzarote** *(www.yogalanzarote.es)* ofrece excelentes clases varios días a la semana en Famara, en ubicaciones como el muelle del pueblo o el cercano teleclub, siempre previa reserva. También organizan masajes ayurvédicos y retiros de yoga.

Descubrir Teseguite y su cerámica

PUEBLO, ARTESANÍA

PLANO: 5 P. 104 **D5**

Rodeado de feraces campos, el sosegado Teseguite, 3 km al este de Teguise, alberga una ermita del s. XVII con techo mudéjar y retablo barroco, y otros edificios típicos de la arquitectura canaria. También tiene fama por sus talleres de cerámica artesanal. **Eguzkine** *(eguzkine.com)* se conoce por sus revolucionarias piezas de barro o porcelana esmaltada, obra de Eguzkine Zerain, inspiradas en la cerámica tradicional canaria; previa cita, se puede visitar su casa-taller.

Caminar por Soo

PUEBLO, PAISAJES

PLANO: 6 P. 104 **B1**

Uno de los mejores lugares para apreciar El Jable (p. 107) es el tranquilo pueblo de Soo, un pequeño enclave de casas encaladas ubicado 7 km al suroeste de Famara. Junto al pueblo se alzan un conjunto de llamativos conos volcánicos, incluido el pico Colorado, alrededor de los cuales se pueden seguir varias rutas de senderismo con vistas al risco de Famara. Una opción es

FESTIVALES EN TEGUISE

Cada noviembre, Teguise celebra la gastronomía de la isla con **Saborea Lanzarote,** que desde su inauguración en el 2011 se ha convertido en uno de los eventos culinarios más esperados de Canarias. El festival consiste en un fin de semana repleto de catas de vino, charlas gastronómicas, entrevistas con reconocidos chefs y muchas otras actividades, y las calles de Teguise se llenan de divertidos puestos de comida. También se celebra a finales de julio la **Noche Blanca de Teguise,** con una gran programación cultural.

EL JABLE

Entre el risco de Famara y los pueblos de Soo y Muñique se extiende El Jable, una auténtica maravilla natural. Es un corredor activo de arenas eólicas, que proceden de sedimentos marinos y son transportadas por el viento, desde la zona de Famara hacia el sur de la isla. El Jable es, además, un importante refugio para aves endémicas, como la hubara, el bisbita y el alcaraván. Y aunque a primera vista parezca imposible, esta zona se conoce también por sus cultivos, como la batata y la sandía, que se producen gracias a la humedad que retiene la arena.

bordear el pico Colorado por el sur y regresar por su ladera norte, completando así una ruta circular de unos 5 km (1 h aprox.), con vistas de Famara, La Santa y Caleta de Caballo.

Explorar la Casa-Museo del Timple — MUSEO

PLANO: 7 P. 104 **B4**

El elegante Palacio Spínola, del s. XVIII, es un interesante centro cultural con un enfoque musical *(casadeltimple.org)*. Se recomienda consultar con antelación los horarios y la programación de eventos. El recinto también acoge un museo dedicado al timple, tradicional instrumento de cuerda canario, similar al ukulele, cuya primera referencia documentada en las islas data de 1792.

Subir al castillo de Santa Bárbara — CASTILLO

PLANO: 8 P. 104 **C5**

A 396 m, en la cima del monte Guanapay (1 km al este de Teguise), se encuentra el castillo de Santa Bárbara, del s. XVI. Durante la redacción de esta guía, estaba cerrado por obras para convertirlo en un museo dedicado a la historia de Teguise; se recomienda recabar información actualizada *(www.turismoteguise.com)*.

Divisar aves en El Jable — OBSERVACIÓN DE AVES

Para descubrir las singularidades de El Jable, nada mejor que sumarse a una excursión responsable de avistamiento de aves con Eco-Insider *(eco-insider.com)*. Las rutas (65 € por persona) se organizan en colaboración con el proyecto de conservación Desert Watch Lanzarote, y consisten en un recorrido de 4 h en todoterreno (prismáticos incluidos). Con suerte, se podrán observar especies endémicas como la hubara.

Conocer El Faro — QUESERÍA

PLANO: 9 P. 104 **A6**

Entre Teguise y Mozaga se encuentra la reconocida **Quesería El Faro** *(queseriaelfaro.es; cerrado do)*. Fundada hace medio siglo por un matrimonio teguiseño y gestionada hoy por la familia ganadera Viña Melián, produce premiados quesos artesanales de cabra elaborados según métodos tradicionales.

SUGERENCIAS

Lo mejor para...

€ Económico €€ Medio €€€ Alto

Localizaciones en el plano de la p. 104

Comer

Cocina canaria

Restaurante Sol €€
10 B1
Excelente cocina conejera a base de productos tradicionales. Tiene una terraza soleada junto al mar en Famara, con vistas al risco. *www.restaurantesolfamara.com; 12.00-22.00 lu-sa, 12.00-21.30 do*

Teleclub de Famara €
11 B1
Un favorito con divertido ambiente y mesas junto a un parque infantil. Sirve típicas raciones de calamares, pulpo y pescado de la isla, entre otras. *17.00-hasta tarde ma, 12.00-hasta tarde mi-do*

Gastronomía

Restaurante Palacio Ico €€€
12 B2
El chef Víctor Valverde prepara creativos menús de degustación, acompañados por maravillosos vinos, en un hotel-*boutique* (p. 101). *www.restaurantepalacioico.com; 18.00-22.00 mi-sa, 13.00-15.30 y 18.30-21.30 do*

El Risco €€
13 B1
El producto de km 0 domina la cocina canaria actualizada del chef Juan Jesús Perdomo. Se encuentra en una antigua casa de pescadores de Famara transformada por César Manrique (un mural suyo decora el salón). *www.restauranteelrisco.com; 13.00-21.30*

Ikarus €€
14 B3
En el centro histórico de Teguise, apuesta por una refinada cocina con alma a base de ingredientes frescos locales y de tradición canaria. *928 845 701; horario variable*

Cocina creativa

La Mar Café €€
15 B1
Relajado bar-restaurante en Famara, con una carta con toques internacionales, como *poké bowl* de tofu marinado, curri de pollo al estilo tailandés o las clásicas papas con mojo. *www.lamarcafe.com; 12.30-22.30 ju-ma*

MunSoo €€
16 A2
Su estilosa terraza *chillout* es perfecta para relajarse con un café, un creativo cóctel o algún plato. Está en Soo, y a veces ofrece yoga, DJ y otros eventos. *www.instagram.com/munsooslowfood; 13.00-23.00 mi-vi, 11.00-23.00 sa y do*

Pintxos Shop €
17 B4
Imaginativas mini delicias que cambian en esta esquinita de La Villa, donde un vermut o una malvasía se sirven de la mano de cuidados pinchos. *www.instagram.com/pintxosshop; 16.00-22.00 vi, 12.00-22.00 sa, 10.30-18.00 do*

Hespérides 2.0 €€
18 B4
En una elegante casona del s. XVII, maridan productos locales con toques internacionales y cuidadas opciones vegetarianas. *www.instagram.com/restaurantehesperides; 12.00-23.00*

Veganos y vegetarianos

Esquina Teguise €€

19 B4

Deliciosas tostas, hamburguesas, *smoothies,* falafel y más, todo con enfoque casero y creativo basado en productos veganos y sin gluten. En un bonito edificio del casco histórico de Teguise. *www.instagram.com/esquinateguise; 9.30-15.30 vi-mi*

Beber

Cafeterías con arte

Mura

20 B3

Suele haber cola para probar sus cruasanes recién horneados, café de especialidad y sándwiches caseros. *www.instagram.com/muralanzarote; 10.00-18.00 mi-sa, 10.00-16.00 do*

Matula's Bakery

21 C4

Pequeña y linda cafetería en Teguise, ideal para tomar bocadillos hechos al momento, café ecológico y bollería casera. *www.instagram.com/matulas_bakery; 9.00-14.00 ma-vi, 9.30-14.00 sa y do*

Para tomar algo

Bodega Santa Bárbara

22 B3

Antigua casona convertida en un concurrido local para disfrutar de vinos locales y sesiones de DJ, junto con tapas. *www.instagram.com/sb_teguise; horario variable*

El Patio

23 B4

Terraza en un callejón del centro, donde preparan mojitos y otros cócteles, además de crepes, dulces y tapas. *www.instagram.com/elpatio_creperie; horario variable*

Comprar

Artesanía y diseño local

Artesanía Lanzaroteña

24 B4

Una casona típica canaria acoge una preciosa colección de piezas artesanales: jabones de Mama Pepa (véase p. 85), sales de Janubio, gofio de La Molina, bolsos pintados a mano, etc. *Horario variable*

Magua

25 D4

Los sombreros típicos hechos a mano son la especialidad de esta tienda artesanal, en la que también se pueden encontrar bonita cerámica y otras curiosidades. *www.instagram.com/maguashop22; 10.00-14.00 mi-sa, 9.30-14.00 do*

Galería La Villa

26 B3

Pasear por el patio de una casona canaria de 300 años, permite conocer una colección de arte, artesanía y decoración, todo hecho en la isla. *11.00-17.00*

Artisan & Co Stephanie Fraselle

27 B2

Jabones naturales de Tenerife, cerámica de Lanzarote, velas botánicas veganas, tazas con originales colores a mano y joyería de diseño propio se cuentan entre las sorpresas de una relajante boutique de Teguise. *artisanandco.art; horario variable*

Alimentación

Vinos y + La Villa

28 B2

En el centro de Teguise, ofrece mojos canarios, mermeladas caseras, cervezas artesanales, cosmética de aloe vera, quesos de productores conejeros, vinos de la isla y más. *10.30-19.30 lu-vi, 9.00-14.00 do*

Sugerencias de lugares para comer, beber y comprar en **p. 123**

Explora
Haría y norte de Lanzarote

Playas solitarias, piscinas naturales, vistas panorámicas, hermosos pueblos tradicionales y espectaculares senderos esperan entre los campos de lava y los acantiladas del norte. Los pueblos de Arrieta, Punta Mujeres y Órzola enamoran con su aire marinero, mientras que Haría, en el valle de las Mil Palmeras, fue el refugio final del gran visionario César Manrique. En la solitaria punta noreste de la isla, el Malpaís de la Corona, se esconden, bajo tierra, dos exquisitas atracciones: los Jameos del Agua y la cueva de los Verdes. Más allá de estas maravillas, el norte revela la cara menos turística de Lanzarote y ofrece un remanso de paz entre naturaleza salvaje.

Cómo desplazarse

A pie
El norte es un destino ideal para los amantes del senderismo, con rutas entre varios pueblos (véase p. 120).

Autobús
Las líneas n° 7 y 8 conectan Arrieta, Punta Mujeres, Haría, Guatiza y Máguez con Arrecife, Tahíche y Teguise (la n° 8 continúa hasta Ye). La n° 9 viaja entre Arrecife y Órzola, con parada en Teguise, Arrieta, Punta Mujeres y, algunos, en los Jameos del Agua.

LO MEJOR

MUSEO
Casa-Museo César Manrique (p. 114)

CENTRO DE ARTE
Jameos del Agua (p. 116)

ACTIVIDADES
Piscinas de Punta Mujeres (p. 119)

PUEBLO ARTESANAL
Haría (p. 112)

GASTRONOMÍA
Arrieta (p. 123)

Jameos del Agua (p. 116).
SOPOTNICKI/SHUTTERSTOCK ©

CIRCUITO A PIE

Un paseo por Haría

Considerado el pueblo más bonito del mundo por el escritor canario Alberto Vázquez-Figueroa, Haría descansa en el corazón de las Mil Palmeras. En los ss. XVII y XVIII se plantaban aquí palmeras para celebrar cada nacimiento; más tarde este oasis norteño se convirtió en un destino de balneario. Hay que ver su casco histórico un sábado de mercadillo.

INICIO	FINAL	DURACIÓN
Ermita de San Juan	Cestería Eulogio	1,5 km; 2 h

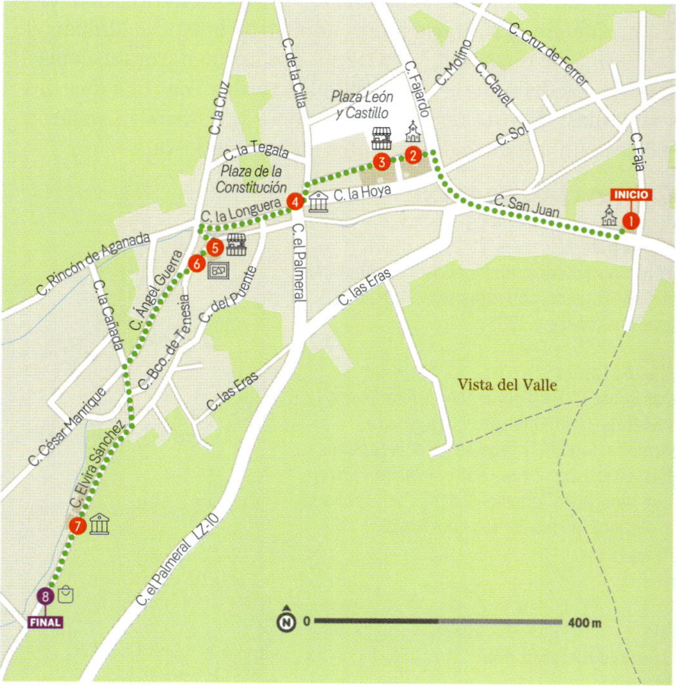

1 Historia religiosa

Edificada a principios del s. XVII, la pequeña **ermita de San Juan** solo abre en torno a la fiesta de San Juan, en junio, celebrada en Haría desde el s. XVI, con hogueras, fuegos artificiales, conciertos y los tradicionales diabletes.

2 Templo central

La elegante **iglesia de Nuestra Señora de la Encarnación** data de 1619, aunque su torre y reloj son una adición de principios del s. XX. Fue restaurada en la década de 1960 tras una desastrosa tormenta.

3 Mercadillo semanal

Cada sábado de 9.00 a 14.00, a la sombra de enormes eucaliptos, la plaza León y Castillo se transforma en uno de los mercadillos más divertidos de Lanzarote. El **mercadillo de Haría** es muy conocido por su enfoque artesanal, y su gran variedad de puestos incluyen desde joyería hecha a mano, cuadros inspirados en la isla y jabones naturales hasta sales de Janubio, quesos de Haría, mojos de Mama Trina y fruta y verdura ecológica. Se recomienda llegar temprano para aparcar.

4 Arquitectura del norte

Bellas buganvillas dan color y ambiente a la plaza de la Constitución, junto a la cual un elegante edificio neoclásico de 1919 alberga el **ayuntamiento de Haría.** Bajo la plaza se ha convertido un antiguo aljibe en una interesante sala de exposiciones.

5 Sabores de mercado

Decorado con llamativos murales por el artista conejero Alex Dorta, el **mercado de abastos municipal** *(abierto mañanas de martes a sábado)* es el único de su estilo en la isla. Cuenta con pescadería, carnicería, frutería, floristería, pastelería, un buen bar de tapeo (véase p. 123) y una tienda de productos típicos.

6 Celebración de artesanía

El **Taller Municipal de Artesanía** acoge los estudios de varios artesanos locales; si se encuentra abierto, se pueden apreciar creaciones como la roseta de Haría, originales telares o piezas de alfarería tradicional.

7 Hogar de César Manrique

Una finca bajo esbeltas palmeras fue el hogar definitivo del gran artista, hoy convertido en la **Casa-Museo César Manrique** (véase p. 114).

8 Cestería artesanal

El maestro de la cestería de pírgano (el nervio central de la hoja de palmera), Eulogio Concepción Perdomo, es conocido por su gran trabajo para conservar las tradiciones artesanas de Lanzarote. Tiene su taller-tienda **Cestería Eulogio** en Haría.

★ IMPRESCINDIBLE

Casa-Museo César Manrique

La extraordinaria casa del palmeral de Haría, donde Manrique creó su último hogar, es una de las mayores atracciones de Lanzarote. Congelada en el tiempo, aún se puede ver la ropa del artista en el armario y su impresionante colección de arte en las paredes, y desvela su cara más humana en una asombrosa reinvención de la arquitectura tradicional rural. Manrique adquirió la finca en la década de 1970 y vivió en ella de 1988 a 1992, cuando falleció en un accidente de tráfico en Tahíche a los 73 años.

PLANO: P. 118 **A4**

CONSEJO

Merece la pena adquirir la entrada conjunta con la Fundación Cesar Manrique en Tahíche (p. 38). Para disfrutar la casa con mayor tranquilidad, se recomienda evitar los sábados de mercadillo.

Escanea este código QR para horarios, precios y demás.

Historia

En busca de un retiro privado y tranquilo, Manrique comenzó a transformar una antigua vivienda de labranza en ruinas en 1986, pero no fue este proyecto una simple restauración. En una tranquila finca agrícola del suroeste de Haría, la naturaleza y la arquitectura tradicional se fusionan en una creación vanguardista que reinterpreta las edificaciones típicas de la isla. Como en todas sus obras, la situación natural contribuye en gran parte a la magia artística. La casa dispone de salón, cocina, dos dormitorios y varios baños, y está repleta de libros, cuadros, esculturas, fotografías y demás objetos.

La casa

La Casa-Museo ofrece una íntima y conmovedora visión de la vida y el trabajo de Manrique. Se accede por patios de paredes blancas, con explosiones de buganvilla y toques agrícolas, tras los que esperan elegantes espacios dotados de piezas artesanales y pertenencias del artista. Aunque a primera vista la decoración pueda parecer modesta comparada con la insuperable belleza de su casa anterior en Tahíche (véase p. 38), el genio aquí está en el detalle: desde

© FUNDACIÓN CÉSAR MANRIQUE

los baños, llenos de espejos, enormes ventanales y jardines interiores, hasta la piscina color aguamarina (curiosamente, para Manrique, de líneas rectas) y el salón con su chimenea tradicional de basalto y la colección de cerámica canaria. Algunas de las lámparas y mesas fueron diseñadas por el mismo Manrique. Durante el recorrido se aprecian, además, obras de arte de su impresionante colección personal y premios que recibió por su trabajo tanto artístico como medioambiental.

El taller

Sin duda, la estrella de la Casa-Museo es el sereno **estudio de Manrique,** donde el artista, sin las distracciones del mundo exterior, pasó gran parte de sus últimos años. Semihundido en la arena bajo las palmeras, se conserva exactamente como en el día de su muerte, con obras inacabadas aún, tubos de pintura, monos llenos de manchas de colores y su último diario sobre la mesa.

UNA PAUSA
La Tegala (p. 123) sirve platos al estilo canario tradicional en uno de los teleclubs más reconocidos de la isla.

★ IMPRESCINDIBLE

Jameos del Agua

La primera intervención de César Manrique en el paisaje isleño, realizada en la década de 1960, es también una de sus obras maestras: una fantasía volcánica que respira creatividad, belleza y naturaleza, instalada en un tubo tallado hace 5000 años por la lava ardiente en la salvaje costa noreste de la isla. La armonía entre la fuerza de la naturaleza y el delicado arte humano constituye la clave de la filosofía simbiótica de este visionario, siempre en conjunción con el entorno natural.

PLANO: P. 118 **D3**

CONSEJO
Se recomienda llegar antes de las 11.00 o después de las 15.00, para reducir la espera y disfrutar esta maravilla con más tranquilidad.

Escanea este código QR para horarios, precios y demás.

Historia

Entre los paisajes desolados del Malpaís de la Corona, la actividad prehistórica del volcán de la Corona creó una serie de tubos subterráneos, conocidos como jameos. A medida que la lava se deslizaba hacia el mar, las capas superiores se enfriaban, formando una especie de techo, bajo el cual el magma líquido seguía rugiendo hasta extinguirse. Aquí, el océano consiguió entrar en la cueva, creando la alucinante laguna turquesa que espera en la gruta situada en el corazón de los Jameos del Agua, donde ahora viven los endémicos cangrejos ciegos (especie en peligro de extinción). En algunas partes de la cueva incluso se desplomó el techo, dejándola expuesta a los elementos.

La intervención de Manrique

Manrique tuvo la ingeniosa idea en la década de 1960 de instalar bares, restaurantes y jardines alrededor del lago y, en los niveles superiores, una piscina-laguna de hormigón blanqueado rodeada de palmeras (ahora es puramente decorativa, aunque durante la década de 1970 estuvo en uso). En 1978 se añadió una sala de conciertos para 550

BALATE.DORIN/SHUTTTERSTOCK ©

personas dentro del tubo volcánico. Los helechos gigantes, los reflejos del agua y los eternamente cambiantes colores del cielo realzan la magia de un espacio incomparable, que se explora a través de un serpenteante camino de piedra.

Museo, visitas guiadas y eventos

Desde el 2023 el complejo de los Jameos acoge, además, la **Casa de los Volcanes** (entrada aparte), un innovador museo en el que se puede aprender sobre la formación de los tubos volcánicos, la obra de Manrique y otros detalles a través de exposiciones inmersivas. También hay opción de visita guiada a los Jameos con la experiencia "Insólita", que incluye acceso a varias secciones adicionales. La Noche de los Jameos es un evento habitual que combina cenas con música en directo en este espacio único.

UNA PAUSA

Los Jameos del Agua tienen dos pintorescas cafeterías y un restaurante más formal que sirve platos canarios, vinos de la isla y café. También se puede seguir por la costa hasta la **Casa de la Playa** (p. 123), en Arrieta.

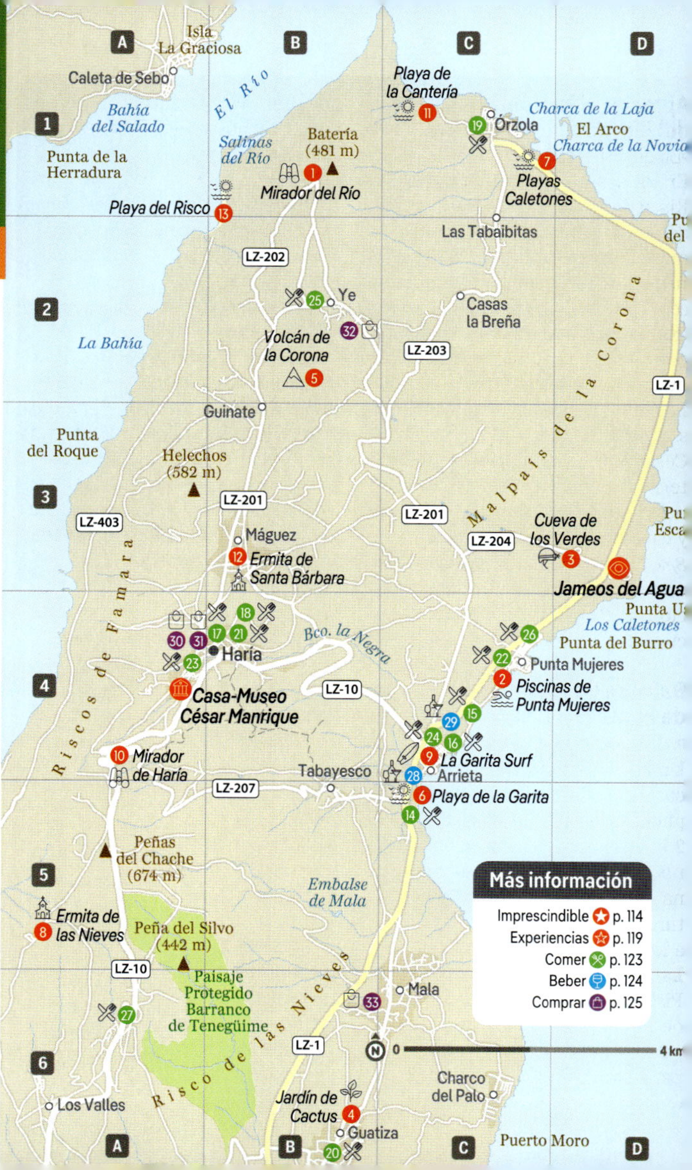
A
B
C
D
1
2
3
4
5
6
Isla La Graciosa
Caleta de Sebo
Bahía del Salado
Punta de la Herradura
El Río
Salinas del Río
Batería (481 m)
1 Mirador del Río
Playa del Risco 13
Playa de la Cantería 11
19 Órzola
Charca de la Laja
El Arco
Charca de la Novia
7 Playas Caletones
Las Tabaibitas
LZ-202
25 Ye
32
Casas la Breña
La Bahía
Volcán de la Corona 5
LZ-203
LZ-1
Malpaís de la Corona
Guinate
Punta del Roque
Helechos (582 m)
LZ-201
LZ-403
Máguez
12 Ermita de Santa Bárbara
LZ-201
LZ-204
Cueva de los Verdes 3
Jameos del Agua
Punta U
Los Caletones
Punta del Burro
Risco de Famara
18
30 31 17 21
23 Haría
Bco. la Negra
26
22 Punta Mujeres
2 Piscinas de Punta Mujeres
Casa-Museo César Manrique
LZ-10
15
29
24 16
10 Mirador de Haría
9 La Garita Surf
Tabayesco
28 Arrieta
LZ-207
6 Playa de la Garita
14
Peñas del Chache (674 m)
Embalse de Mala
8 Ermita de las Nieves
Peña del Silvo (442 m)
LZ-10
Paisaje Protegido Barranco de Tenegüime
33 Mala
27
Risco de las Nieves
LZ-1
N
0
4 km
Charco del Palo
Los Valles
Jardín de Cactus 4
Guatiza
Puerto Moro
20
Más información
Imprescindible p. 114
Experiencias p. 119
Comer p. 123
Beber p. 124
Comprar p. 125

EXPERIENCIAS

Apreciar el mirador del Río
MIRADOR, ARQUITECTURA

PLANO: 1 P. 118 **B1**

En los acantilados norteños del Risco de Famara, 2 km al norte de Ye, espera una de las grandes maravillas de César Manrique, el **mirador del Río** *(cactlanzarote.com)*. Las vistas vertiginosas se extienden por cascadas de lava congelada hasta el Río, el estrecho que separa Lanzarote de la isla de La Graciosa, desde una batería del s. XIX escondida a 475 m. En 1973, César Manrique reimaginó la batería –en una sutil fusión de arte y naturaleza– como un espectacular y cavernoso mirador *(adultos/niños 8/4 €)* con interiores blanqueados, una elegante cafetería e instalaciones artísticas como arañas que cuelgan del techo.

Bañarse en las piscinas de Punta Mujeres
PISCINA, PLAYA

PLANO: 2 P. 118 **C4**

Uno de los chapuzones más mágicos de la isla espera en el sosegado pueblo pesquero de Punta Mujeres, 2 km al noreste de Arrieta. Es conocido por sus hermosas piscinas naturales –con aguas brillantes, turquesas y saladas– repartidas a lo largo de su costa volcánica. La principal está frente al bar La Piscina (véase p. 124), en el centro de Punta Mujeres, con escaleras para sumergirse y pequeñas zonas para tomar el sol. En la punta sur del pueblo hay otra piscina con una diminuta playa de arena. Para muchos lanzaroteños, esta es una zona favorita para escaparse, y sumergirse en el Atlántico aquí es pura delicia. Se recomienda consultar las mareas con anterioridad.

Adentrarse en la cueva de los Verdes
CUEVA

PLANO: 3 P. 118 **D3**

La segunda joya del Malpaís de la Corona se halla 1 km al norte de los Jameos del Agua (véase p. 116) y, de hecho, forma parte del mismo tubo volcánico, cuyos 7 km continúan bajo el océano como el túnel de la Atlántida. Creada hace 5000 años, la mítica **cueva de los Verdes** *(www.cactlanzarote.com)* sirvió de refugio a la población de la isla durante los ss. XVI y XVII. La ruta por dos salas subterráneas, diseñada en la década de 1960 por Jesús del Soto, recorre 1 km de maravillas de la lava, en visitas comentadas de 50 min *(adultos/niños 15/7.50 €)* que hay que reservar con antelación. Ojo, la cueva tiene un par de pequeñas secciones que podrían ser difíciles si se sufren claustrofobia o problemas de movilidad.

Perderse en el Jardín de Cactus
JARDÍN

PLANO: 4 P. 118 **B6**

Se dice que la última gran intervención de César Manrique, creada en 1991, fue también su obra favorita. Rodeado de plantaciones de tuneras de cochinilla, el **Jardín de Cactus** *(www.cactlanzarote.com)* transforma las áridas pendientes volcánicas de una antigua rofera (cantera) en una ingeniosa obra de arte natural: un enorme jardín botánico donde esperan 4500 plantas de 450 variedades de cactus de todo el mundo, desde Canarias hasta Australia, todo a los pies de un molino de gofio del s. XIX. Otras curiosidades de la visita *(adultos/niños 8/4 €)* incluyen la escalera de caracol. La terraza ofrece vinos y tapas en un ambiente relajado, y también hay una tienda de artesanía.

Caminar hasta el volcán de la Corona

EXCURSIONISMO

PLANO: 5 P. 118 **B2**

Con 611 m, el volcán de la Corona domina el horizonte norteño y la aldea de Ye, que se extiende a sus pies. Aunque aparenta tranquilidad (está extinguido), fue su tremenda actividad la que creó los famosos jameos del norte de Lanzarote. Un sendero de 1,5 km (25 min) comienza justo al este de la iglesia de Ye y sube hasta el borde del volcán, pasando junto a varios viñedos (privados). Al final del camino se puede apreciar el asombroso cráter del volcán, con sus paredes rojizas, donde sobreviven solo un manojo de arbustos, y también se avista la distante costa de Órzola. **Olita Trek & Bike** *(olita-treks.com)* y **Feeling Lanzarote Tours** *(feelinglanzarotetours.com)* ofrecen rutas de senderismo que incluyen el volcán.

Pasear por Arrieta y su playa

PUEBLO, PLAYA

El pequeño pueblo marinero de Arrieta, 6 km al este de Haría, es otro rincón destacado de la costa norte lanzaroteña, y tiene sus orígenes en las casas de veraneo creadas por los habitantes de Haría. Hoy sus casas encaladas de ventanas azules se extienden junto a un rocoso tramo de litoral, mientras que en el extremo sur del pueblo esperan las arenas doradas de la preciosa **playa de la Garita** (PLANO:

SENDERISMO NORTEÑO

La franja septentrional de la isla esconde sorprendentes rutas que revelan silenciosos y desiertos paisajes entre vistas panorámicas. Destacan el camino de los Gracioseros hasta la playa del Risco (véase p. 122), la subida al volcán de la Corona desde Ye (véase p. 120), el GR131 de larga distancia (que pasa por Órzola, Máguez y Haría) y la ruta al sur por la costa desde Arrieta, que atraviesa Los Cocoteros y Charco del Palo (20 km, 5 h hasta Costa Teguise). No hay que perderse las rutas que enlazan Haría con Peñas del Chache (el punto más elevado de la isla), o la subida desde Haría por el barranco Elvira Sánchez hasta el solitario y espectacular mirador del risco de Famara (4,5 km, 1 h).

6 P. 118 **C5**), conocida por sus buenas olas para el surf (véase abajo) y su ambiente relajado. Comer en uno de los excelentes restaurantes de pescado de Arrieta (véase p. 120) es otra delicia del norte.

Refrescarse en los Caletones de Órzola

PLAYA

PLANO: 7 P. 118 **C1**

Una belleza natural e indomable llena la serie de sosegadas calas de arena escondidas al sureste de Órzola, junto a la ctra. LZ1 en el extremo norte de la isla, conocidas como las **playas Caletones.** Sus protegidas y poco profundas aguas turquesas son como lagunas naturales, rodeadas de costa rocosa y vegetación volcánica, lo que las hace populares para quienes viajan en familia. El rincón más conocido es el Caletón Blanco, con aparcamiento, aunque se puede llegar a pie desde Órzola. En el extremo sureste de Órzola, un pintoresco sendero volcánico de 1 km serpentea entre tabaibas hasta llegar al caletón Blanco. Además, en el propio pueblo se pueden encontrar otros pequeños caletones ideales para bañarse.

Descubrir la ermita de las Nieves

IGLESIA, MIRADOR

PLANO: 8 P. 118 **A5**

Desde la empinada y serpenteante ctra. LZ10, que une Haría con Los Valles, se llega a la capilla más espectacular de la isla, la solitaria **ermita de las Nieves.** Bordeada de palmeras, la ermita actual data de mediados del siglo pasado, pero el lugar ha sido un destino de peregrinación desde hace siglos, ya que la Virgen de las Nieves fue antaño patrona de la isla. Junto a la ermita hay un mirador con maravillosas vistas de Famara. Está 8 km al sur de Haría, muy cerca del punto más alto de la isla, Peñas del Chache, a 670 m.

Con poca contaminación lumínica, silenciosos paisajes abiertos y privilegiadas vistas en todas direcciones, es una zona conocida además para la observación de estrellas. El sendero GR131 también pasa por aquí en su recorrido por la isla.

Surcar olas en Arrieta

DEPORTES ACUÁTICOS

PLANO: 9 P. 118 **C4**

Puede que Famara sea la capital del surf de Lanzarote, pero la playa de la Garita de Arrieta cuenta con sus propias olas que atraen a muchos surfistas locales. Con base en Arrieta, **La Garita Surf** *(www.lagaritsurf.com)* ofrece clases en grupos pequeños (desde 45 €) adaptadas a distintos niveles, además de cursillos de varios días, clases privadas, y alquiler de material. También se puede alquilar equipamiento de surf de remo.

Disfrutar las vistas del mirador de Haría

MIRADOR

PLANO: 10 P. 118 **A4**

El valle de las Mil Palmeras brilla en todo su esplendor desde el

PLAYA DEL RISCO

Una de las playas más salvajes de Lanzarote se agarra a la punta noroeste de isla al pie del risco de Famara, con el archipiélago Chinijo al horizonte. Llegar a la seductora y desierta curva dorada de la **playa del Risco** (PLANO: 13 P. 118 **B1**) es pura aventura: solo se puede acceder por barco o bien por el empinado y pedregoso camino de los Gracioseros, un sendero duro de unos 4 km (1 h) en cada sentido, que comienza al norte de la finca La Corona, 1 km al oeste de Ye. Una vez allí, solo hay naturaleza, mar y silencio. El sendero tiene sus orígenes en un antiguo camino que seguían los habitantes de La Graciosa para llegar a Haría y alrededores y vender allí pescado. En una punta de la playa se encuentran las relucientes salinas del Río, ahora en desuso. Quienes prefieran no descender hasta la playa pueden disfrutar de las magníficas vistas al archipiélago Chinijo desde el mirador de Ye, situado al inicio del sendero, a solo unos pasos del aparcamiento de Las Rositas.

mirador de Haría *(www.ayuntamientodeharia.com)*, 4 km al sur de Haría. El edificio de roca volcánica y paredes blancas fue diseñado por César Manrique en la década de 1960, pero cayó en desuso. Su reciente restauración continúa el legado del artista con un íntimo espacio integrado en la naturaleza, con dos balcones-pasarela de cristal desde los que se puede avistar el volcán de la Corona. El mirador *(abierto ma-sa)* se encuentra junto a la estrecha ctra. LZ10; si se planea llegar en coche hay que reservar plaza de aparcamiento *online* con antelación.

Conocer Órzola PUEBLO

Para muchos una simple parada de camino a la isla de La Graciosa (véase p. 126), el pueblo más norteño de Lanzarote tiene un sosegado encanto, con buenos restaurantes de pescado en el puerto, fabulosos paisajes de acantilados volcánicos y preciosos tramos de arena como la salvaje **playa de la Cantería** (PLANO: 11 P. 118 **C1**), 1 km al oeste; es famosa por su surf, aunque no se aconseja el baño. Para un chapuzón, son mejores las cercanas playas Caletones (véase p. 121).

Hacer una pausa en la ermita de Máguez IGLESIA

PLANO: 12 P. 118 **B3**

Apenas 1 km al norte de Haría, el pueblo de Máguez acoge la pequeña **ermita de Santa Bárbara,** que a pesar de lucir el sello de César Manrique aún es poco visitada. Tras ser derruido un anterior templo dañado del s. XVIII, en la década de 1970 el artista diseñó un mural de canto rojo y una plaza contigua para la nueva ermita de estilo rural.

Lo mejor para...

€ Económico €€ Medio €€€ Alto

Localizaciones en el plano de la p. 118

Comer

Cocina marinera en Arrieta

Casa de la Playa €€
14 C5
Con su cocina canaria, su ambiente rústico-marinero y su terraza junto a la playa de la Garita, siempre está concurrido. Se aconseja reservar para probar deleitosos platos como queso con mermelada casera o pescado a la plancha con papas y mojo. *928 173 339; 10.00-22.00 ju-lu*

El Lago €€
15 C4
Toques marinos, plantas de interior y una terraza con vistas al mar decoran este referente entre Arrieta y Punta Mujeres. Las especialidades son los arroces caseros y el pescado fresco del día, con papas y ensalada, aunque hay otras delicias también. *928 848 176; 10.00-22.00 vi-ma*

Restaurante Amanecer €
16 C4
La carta repleta de sabores del mar revela la pesca del día en un cálido restaurante con terraza junto al océano, donde el pescado fresco de La Graciosa a la parrilla brilla junto a raciones de queso frito, escaldón de gofio y otras especialidades. *928 179 213; 12.00-20.00*

Cocina creativa

Tacande €€€
17 B4
El restaurante estrella del norte, en la avenida principal de Haría. Su sorprendente carta combina producto de km 0 con creatividad internacional. Cuidados vinos isleños y de menú de degustación. *www.restaurantetacande.com; 13.00-21.00 mi-do*

La Puerta Verde €€
18 B4
Apuesta por una cocina creativa canaria a base de productos frescos de cercanía, como el tabulé marroquí, el lingote de cochino o el gofio en texturas, de la mano del chef Alfonso Rojo. En Haría. *www.instagram.com/lapuertaverdeharia; 13.00-21.00*

La Maresía €€
19 C1
Destacando entre los restaurantes marineros de Órzola, marida los sabores e ingredientes frescos con innovadores puntos de creatividad y elegante presentación (rollitos de queso de cabra, pastel de vieja, sugerencias del día). *928 842 516; 12.00-18.00 sa-mi*

La Tasca de Lita €€
20 B6
Acogedor local con aire italiano con terraza, cerca del Jardín de Cactus en Guatiza. Prepara pastas frescas, *pizzas, focaccias* y ensaladas, con algún guiño canario, como los quesos con mermelada. *Horario variable*

Tapas y raciones

La Tegala €
21 B4
Las típicas recetas familiares triunfan en el ambientado centro sociocultural de Haría, con un bar informal y un comedor decorado con

antiguas fotos de Lanzarote. Tientan los quesos de la isla, las papas con mojo, los platos de cuchara (caldo de millo, garbanzada)... *696 900 652; 9.00-21.00 vi-ma*

Bar La Piscina (bar Pichón) €

22 C4

Una parada clásica junto a las piscinas naturales de Punta Mujeres (p. 119) para tomar unas tapas marineras de temporada (salpicón, zamburiñas, churros de pescado), queso a la plancha o un buen pescado del día con papas y mojos. *Horario variable*

El Mercado €

23 A4

El informal y acogedor bar de tapas del mercado de abastos de Haría (p. 112) prepara clásicos sabores rústicos y caseros: croquetas de pescado, tortilla al punto, pollo asado, papas arrugadas, etc. Se desborda los sábados de mercadillo. *928 835 828; 9.00-15.00 ma-sa*

El Pasito €

24 C4

Punto de encuentro habitual en Arrieta, muy frecuentado por los locales, y con una pequeña terraza junto al océano. Abre temprano para desayunos y sirve desde bocadillos y tapas de tortilla hasta pescado fresco a la plancha. *8.00-17.00 sa-ju*

Cocina tradicional canaria

Restaurante Volcán de La Corona €€

25 B2

Las suculentas carnes a la brasa y a la parrilla son el sello de este respetado negocio familiar al pie del gran volcán norteño, en Ye. No hay que perderse el solomillo de toro, las hamburguesas del monte o el chuletón. *www.instagram.com/grillvolcandelacorona; 12.00-18.00 do, lu y mi, 12.00-22.00 vi-sa*

Tahoyo €€

26 C4

Acogedor restaurante en Punta Mujeres que celebra los sabores de la isla en exquisitos platos de raíces tradicionales y producto fresco, como queso asado, croquetas caseras, cabra estofada o dorada fresca. *928 177 577; 12.00-17.00 lu-vi*

Mirador de Los Valles €€

27 A6

Casona tradicional, 7 km al noreste de Teguise camino a Haría, con privilegiadas vistas en el pueblo de Los Valles. Destaca por sus sabrosas carnes, como el estofado de cabra, junto con raciones como el queso de cabra a la plancha con mermelada. *www.instagram.com/elmiradordelosvalles; 11.00-19.00 mi-lu*

Beber

Copas y cócteles

Bar SamRise

28 C4

La furgoneta BMW bajo los árboles junto a la playa de la Garita en Arrieta es un clásico. Según muchos lanzaroteños, preparan los mejores mojitos de la isla (también sin alcohol), y también hay vinos locales. *Horario variable*

La Azotea de Arrieta

29 C4

Terraza *rooftop* de estilo playero y, en ocasiones, con música en directo. Es ideal para relajarse con una copa de malvasía, aunque también sirven platos con sabor marinero y raciones lanzaroteñas. *www.laazoteadearrieta.com; horario variable*

Café con vistas

Mirador del Río

véase 3 D3

Pocos lugares ofrecen un escenario como esta cafetería, diseñada por César Manrique dentro de su célebre mirador (véase p. 119), enclavado en el Risco de Famara. Perfecta para tomar un barraquito canario o una copa de vino con DO Lanzarote. Ojo, hay que pagar la entrada al monumento para acceder. *cactlanzarote.com; 10.00-16.45*

Comprar

Artesanía y alimentación

Mayeh

30 A4

Un fascinante taller artesano de Haría especializado en coloridas piezas de cuero hechas a mano (bolsos, cinturones, mochilas, carteras), algunas decoradas con rosetas canarias. Tiene además una colección de diseños veganos. *www.instagram.com/mayehartesanos_lanzarote; 10.00-17.00 lu-vi, 10.00-14.30 sa*

Haría SXVI

31 A4

Los sabores canarios reinan en una tienda-quesería en el centro de Haría que ofrece quesos del norte de Lanzarote, mermeladas artesanales, vinos y sales de la isla, aceite de la vecina Fuerteventura y otras tentaciones. *Horario variable*

Bodega Los Almacenes

32 B2

A la entrada de Ye, una bodega blanqueada con toques de roca volcánica, rodeada de viñedos, vende sus propios vinos junto con mermeladas y mojos de estilo artesanal, preparadas según una receta familiar. *10.00-18.00*

Galería Artenmala

33 B6

En el tranquilo pueblo de Mala, esta íntima galería de arte ocupa una casona restaurada y expone el trabajo de las mentes creativas afincadas en Lanzarote. Las exposiciones cambian regularmente y abre solo los fines de semana. *10.00-20.00 sa y do*

Cafetería del Mirador del Río.

★ MERECE LA PENA

La Graciosa

La única isla habitada del archipiélago Chinijo, al norte de Lanzarote, es la hermosa La Graciosa, que solo lleva poblada desde 1867 (originalmente por siete familias) y se convirtió oficialmente en la octava isla canaria en el 2018. Con sus playas de ensueño bañadas por las olas turquesas del Atlántico, sus desiertos paisajes volcánicos, sus largas tradiciones, su excelente surf y su encantadora capital, Caleta de Sebo, la isla parece un mundo aparte.

CONSEJO
La única forma de llegar a La Graciosa es en ferri desde Órzola (25 min), con Líneas Romero *(www.lineasromero.com)* o Biosfera Express *(biosferaexpress.com)*. Líneas Romero también ofrece una excursión en catamarán (69 €).

Caleta de Sebo

La mayoría de los aproximadamente 700 habitantes de la isla viven en la tranquila y pintoresca aldea de Caleta de Sebo, donde los barcos de Órzola atracan. Deambulando por sus calles de arena se descubren la **iglesia de Nuestra Señora del Carmen,** del s. xx, y relajados restaurantes de pescado y tapeo. También hay un par de pensiones (véase p. 132) y alquileres vacacionales privados para los que se animen a pasar la noche (o a una estancia más larga).

Playas y senderos de La Graciosa

Para explorar los 28 km² de La Graciosa, con sus cinco cumbres volcánicas y sus playas vírgenes, lo mejor es caminar o alquilar una bicicleta; los operadores de Caleta de Sebo, como Bicis La Graciosa *(bicislagraciosa.es),* cobran 15/30 € por día para bicicletas MTB/eléctricas (se pueden reservar con antelación, aunque no suele ser necesario). En bici se puede llegar hasta la playa de las Conchas, en el norte, en 30 min (6 km; se desaconseja el baño por sus peligrosas corrientes). Al sur de Caleta de Sebo esperan la playa del Salado y, más allá, la playa Francesa (3 km, 30 min a pie), ambas tranquilas. También hay senderos a la montaña Amarilla (junto a la playa de la Cocina) y la montaña de

UNDERWORLD/SHUTTERSTOCK ©

Las Agujas. Quien no quiera caminar ni pedalear, puede tomar un taxi todoterreno desde el puerto o hacer una excursión en todoterreno (desde 60 € para dos personas). Hay que llevar suficiente agua, protector solar y respetar el medio ambiente de este frágil espacio.

El archipiélago Chinijo

Junto con el Risco de Famara, las cinco islas Chinijas (y sus aguas) son parque natural desde 1986. Los islotes deshabitados de Montaña Clara, Alegranza, Roque del Este y Roque del Oeste (sin acceso) se conocen por su riqueza de aves y en los alrededores se pueden avistar delfines, tortugas y otros animales marinos. El punto de información del parque está en Caleta de Sebo *(horario variable)*.

UNA PAUSA
En Caleta de Sebo, **Casa Margucha (Restaurante Girasol),** con vistas al risco de Famara, prepara raciones típicas, pescado fresco y arroces marineros *(www.instagram.com/restaurantegirasol_)*.

Guía práctica

Punta del Papagayo (p. 66).
UNDERWORLD/SHUTTERSTOCK ©

Viajar en familia

Los pueblos turísticos principales ofrecen un sinfín de actividades, desde excursiones en barco hasta esnórquel y buceo, mientras que las maravillas de César Manrique y el Timanfaya enamoran a visitantes de cualquier edad.

Parques infantiles
Muchas localidades cuentan con parques infantiles de acceso gratuito junto a la playa, por ejemplo Costa Teguise, Puerto del Carmen y Playa Honda.

Lanzarote para familias

La cultura canaria acoge con cariño a los niños de todas las edades, incluidos los restaurantes y alojamientos (las cunas o camas extras deben solicitarse con antelación). La mayoría de los pueblos y zonas públicas son accesibles con carrito, pero, en algunos monumentos (como los Jameos del Agua o el mirador del Río) es mejor un portabebés.

Playas

Las playas de los principales núcleos turísticos (Costa Teguise, etc.) tienen tumbonas, sombrillas, duchas y extensos paseos marítimos. En el norte, los tranquilos Caletones de Órzola (p. 121) son ideales para disfrutar con niños.

Comer en familia

En las islas Canarias a menudo se cena algo más temprano que en la península. Los sabores lanzaroteños (papas arrugadas, quesos a la plancha) son perfectos para paladares sencillos. Muchos restaurantes ofrecen menús infantiles o medias raciones y platos adaptados. La mayoría tiene también tronas.

ATRACCIONES Y ACTIVIDADES

La mayoría de los museos y monumentos ofrecen un descuento para niños de 7 a 12 años y entrada gratuita para los más pequeños, y tienen aseos con cambiadores para bebés. También hay descuentos infantiles para circuitos y actividades guiadas. Algunas actividades requieren una edad mínima, como las rutas de senderismo guiadas al Timanfaya o las clases de surf.

Transporte público

Los menores de 4 años viajan gratis en la red de autobuses de Lanzarote (arrecifebus.com), siempre acompañados de un adulto.

Alojamiento

Lanzarote tiene una gran diversidad de alojamientos, desde encantadores hoteles-*boutique* hasta enormes complejos playeros. Aunque se tarda menos de 1 h en conducir de un extremo de la isla al otro, merece la pena considerar bien en qué zona alojarse.

Si te gusta...

Playa y buen clima

Playa Blanca y sur de Lanzarote (p. 63)
El soleado extremo sur de la isla disfruta del mejor tiempo, de la belleza de la Punta del Papagayo y de fácil acceso al Timanfaya.

IMPRESCINDIBLE

Nos encanta...

Teguise y La Caleta de Famara (p. 99)
Con su céntrica ubicación, la antigua capital es una base ideal, sin el ambiente turístico que suele conllevar las zonas costeras. En su hermoso casco antiguo se encuentran originales hoteles estilo *boutique* y divertidos restaurantes y bares de ambiente local. La vecina Famara tiene sociables albergues vinculados a sus escuelas de surf.

Hoteles rurales y pueblos de interior

La Geria y tierra de vinos (p. 87) Zona céntrica pero muy tranquila, con atractivos hoteles pequeños rodeados de viñedos, conos volcánicos y pueblos encalados.

Arte y ambiente urbano

Arrecife, Costa Teguise y alrededores (p. 35)
La capital y su vecina combinan ambiente nocturno con exquisita gastronomía, playas doradas, galerías de arte y alojamientos diversos.

Naturaleza y alejarte del bullicio

Haría y norte de Lanzarote (p. 111) La franja norte ofrece una auténtica escapada, con pequeños hoteles y apartamentos en preciosos pueblos como Haría o Arrieta.

Actividades y ubicación costera

Puerto del Carmen y alrededores (p. 53)
Gran variedad de alojamientos, playas, actividades y restaurantes, con una ubicación conveniente para todo. Ambiente de bares.

CUÁNTO CUESTA

Apartamento privado **desde 50 €**

Albergue **desde 25 €**

Hotel-*boutique* **desde 90 €**

Alojamientos destacados

Económico

Hostal Magec *(hostalmagec.com)* Casa encalada con vistas atlánticas y sencillas habitaciones, en Puerto del Carmen.

Casitas Tabayesco *(casitastabayesco.com)* Cerca de Arrieta, una encantadora casa con coloridas habitaciones.

Hotelito del Golfo *(hotelitodelgolfo.com)* Pequeño tres estrellas familiar de cinco habitaciones y piscina en El Golfo.

Pensión Enriqueta Local pionero en La Graciosa; luminosas habitaciones rústicas y buen restaurante.

Precio medio

Caserío de Mozaga *(caseriodemozaga.com)* Casona del s. XVIII, elegantemente restaurada, en el corazón de la isla.

Hotel Rural Finca La Florida *(hotelfincalaflorida.com)* Tranquila finca de encanto rústico en la zona de vinos.

Casa de Hilario *(casadehilario.com)* Finca en Yaiza con divertida decoración, vistas volcánicas y piscina.

Precio alto

Alava Suites *(alavasuites.com)* Estiloso rincón de Costa Teguise con seis habitaciones, estudio de yoga, piscinas y desayunos caseros.

César Lanzarote *(annuahotels.com)* Serena finca restaurada con creativo diseño en La Asomada; su restaurante (p. 60) es una delicia.

Hotel Palacio Ico *(hotelpalacioico.com)* Hermosa casa-palacio del s. XVII en Teguise, conocida por su maravilloso restaurante (p. 108).

Buenavista Lanzarote *(buenavistalanzarote.es)* Creativo remanso de paz entre las viñas de La Geria; deliciosos desayunos.

La Casa de las Flores *(hotelcasadelasflores.es)* Bella casona teguiseña del s. XVIII, con arte y ricos desayunos.

Finca Malvasía *(fincamalvasia.com)* Retiro tranquilo entre viñas en Masdache, de inspiración manriqueña.

La Casa de los Naranjos *(lacasadelosnaranjos.com)* Precioso hotel emblemático que revive un antiguo edificio en Haría.

Arrecife Gran Hotel & Spa *(aghotelspa.com)* Estilo creativo e innovador restaurante (p. 48), junto a la playa del Reducto.

Finca de Arrieta *(lanzaroteretreats.com)* Complejo sostenible con yurtas y casitas de diseño.

Hotel Fariones *(hotelfariones.es)* Lujoso hotel con historia en primera línea de playa en Puerto del Carmen.

Hektor *(www.hektor.es)* Finca en Los Valles con estilosas suites, ambiente artístico y granja de animales rescatados.

La Isla y El Mar *(laislayelmar.com)* Galardonado cinco estrellas sostenible en Puerto del Carmen.

Princesa Yaiza *(princesayaiza.com)* Suntuoso cinco estrellas de Playa Blanca; reconocida gastronomía (p. 73).

Comida, bebida y fiesta

Alergias e intolerancias

Al igual que en el resto de España, es común que los camareros pregunten si se sufre alguna alergia. Los alérgenos más comunes están señalizados en las cartas, pero siempre conviene avisar. La mayoría de los restaurantes ofrece al menos algún plato vegetariano/vegano o bien pueden adaptarlo. También hay cada vez más locales con enfoque en platos veganos, vegetarianos y sin gluten.

Reservas

Siempre se recomienda reservar para los restaurantes más conocidos, especialmente los fines de semana o en temporada alta.

PRECIOS

Precio de un plato principal:

€ hasta 12 €
€€ 12-20 €
€€€ desde 20 €

Sabores típicos

El pescado y el marisco frescos dominan la gastronomía conejera: gambas de La Santa, lapas, morena frita, vieja, cherne, salmón ahumado de Uga. Nunca faltan los mojos (verde, picón y/o de cilantro) y las papas arrugadas. Los galardonados quesos de cabra y los guisos canarios también brillan. La cabra y el conejo son las carnes típicas.

Salir

El principal panorama nocturno de Lanzarote gira en torno a la capital, Arrecife, donde el Charco de San Ginés (véase p. 45) espera repleto de bares y rincones de tapeo abiertos hasta tarde. También hay ambiente de fiesta en la zona de la marina en Arrecife y el Pueblo Marinero de Costa Teguise, aunque muchas terrazas en los pueblos pequeños se animan por la noche. Los paseos marítimos de Puerto del Carmen, Costa Teguise y Playa Blanca tienen tentadores bares con vistas al mar. Suele haber eventos de música y fiestas culturales en toda la isla; se recomienda consultar el calendario con antelación.

TELECLUBS

Entre las mejores sorpresas de la cocina lanzaroteña se cuentan los divertidos **teleclubs** (véase p. 93). Estos sencillos restaurantes de ambiente local se encuentran en la mayoría de los pueblos de Lanzarote y están especializados en platos típicos, desde quesos a la plancha hasta pescado fresco y guisos de temporada.

Comunidad LGTBIQ+

Las Canarias son uno de los destinos europeos más populares para la comunidad LGTBIQ+. Aun siendo más tranquila que otras de sus vecinas, Lanzarote no se queda atrás.

Lanzarote LGTBIQ+

Canarias ha sido desde hace años uno de los lugares más populares del mundo para los viajeros LGTBIQ+, en particular durante las celebraciones del Orgullo. Puede que Lanzarote no tenga tanta fama fiestera como Gran Canaria o Tenerife, pero para muchos visitantes ese es su encanto. La isla es un destino creciente para la comunidad LGBTIQ+ gracias a su ambiente acogedor y relajado, sus monumentos artísticos, su ambiente creativo, sus originales alojamientos y sus divinas playas.

IMPRESCINDIBLE

Ambiente nocturno

El ambiente nocturno LGTBIQ+ de Lanzarote se concentra sobre todo en el paseo marítimo de **Puerto del Carmen**, especialmente la zona alrededor del Centro Atlántico, donde se encuentran locales como XXL Lanzarote Mens Bar. A menudo se organizan *drag shows* y otros eventos.

Festivales

La isla celebra el **Orgullo LGTBIQ+** a finales de junio con numerosos eventos, especialmente en Teguise, que acoge el gran evento inclusivo Teguise Live. Organizado por la asociación Lánzate, el programa incluye desde mesas redondas y presentaciones de libros y películas hasta charlas educativas y conciertos. El colectivo también tiene un papel importante durante el gran **Carnaval** de Lanzarote, en febrero/marzo, que acoge cada año una prestigiosa Gala Drag Queen, en Arrecife, junto con otros espectáculos de *drag* alrededor de la isla.

Recursos

• **LanzaEntiende** (www.lanzaentiende.org) Eventos, apoyo y más en Lanzarote y La Graciosa. • **Lánzate** (www.asociacionlanzate.org) Entidad para la comunidad en Lanzarote y La Graciosa. • **Colectivo GAMÁ** (www.colectivogama.com) Asociación LGTBIQ+ del archipiélago canario.

Salud y seguridad

Lanzarote es una isla tranquila y generalmente segura, aunque como en cualquier otro destino europeo pueden ocurrir pequeños robos o accidentes fuera de lo normal.

En la playa

Las playas de Lanzarote están bañadas por el océano Atlántico y es importante saber que puede haber fuertes corrientes, incluso en los arenales que se conocen por ser más tranquilos. Por desgracia se producen ahogamientos cada año. Se aconseja ir con cuidado al bañarse y seguir siempre las indicaciones locales (atención a las banderas). También conviene consultar las mareas con antelación, especialmente para las piscinas naturales.

WISTUDIO-ELEMENTS/SHUTTERSTOCK ©

Senderismo

En general los senderos de la isla están bien marcados y es difícil perderse. Pero, por seguridad, siempre conviene avisar a alguien si se planea hacer una ruta a pie e ir bien preparado con mapas, guías de senderismo y demás. Se recomienda llevar calzado adecuado (la piedra volcánica y el picón son materiales difíciles sobre los que caminar), y ropa de abrigos en las zonas más elevadas.

SOL

Debido a su carácter volcánico, Lanzarote tiene muy poca sombra, y además con muchas horas de sol y a menudo hace fuerte viento. Es esencial llevar suficiente agua, protector solar, sombrero, etc.

Al volante

Para ayudar a proteger los espacios naturales de la isla, es importante seguir instrucciones sobre zonas de aparcamiento y evitar salirse de ellas, ya que se puede producir daños en el entorno (por ejemplo, en las dunas móviles de Famara).

Robos y estafas

Es aconsejable no dejar objetos sin supervisión en la playa o dentro del coche a la vista, y mantener controladas las pertenencias (como los móviles) en lugares turísticos como los mercadillos. La mayoría de los llamados “museos” de aloe vera en realidad son tiendas.

Turismo responsable

Estos consejos favorecen el apoyo a lo local, junto con ideas para dejar menos huella y contribuir de forma positiva para las comunidades locales.

Problemas de sobreturismo

En el 2024 Lanzarote recibió a más de 3,2 millones de turistas, un número récord para la isla. Al igual que en otras islas del archipiélago canario, existe una creciente preocupación por los efectos del sobreturismo, especialmente en las zonas más turísticas. En los últimos años se han visto en las islas manifestacione por un turismo más controlado y por la protección de los entornos naturales. Es cierto que Lanzarote no sufre la misma masificación que, por ejemplo, Tenerife pero sí que se pueden notar presiones de aparcamiento, aglomeraciones en los principales monumentos y demás. Es importante siempre seguir las indicaciones que prohíban el acceso a ciertas zonas naturales y evitar salirse de los senderos marcados.

Transporte público

Con tiempo, es posible descubrir la mayoría de la isla haciendo uso de su extensa red de guaguas (autobuses), que llegan a casi todos los pueblos (véase p. 27).

Alojamientos verdes

En gran parte gracias al legado de César Manrique, muchos de los alojamientos de Lanzarote tienen un importante enfoque sostenible, ya sea restaurando un edificio histórico, evitando el uso de plásticos o colaborando con productores y artesanos locales. **Finca de Arrieta** (p. 132) destaca por sus esfuerzos.

Actividades de bajo impacto

Hay infinitas formas de conocer la isla a paso lento, incluidas, por ejemplo, una ruta de senderismo guiada con **Olita Trek & Bike** (p. 45) o una excursión por la costa sur con **Kayak Lanzarote** (p. 45). También hay posibilidad de avistar cetáceos en su entorno natural con una excursión en barco de **WeWhale** (p. 59).

QUESOS Y GOFIO

Comprar en las queserías familiares del interior, como **Flor de Luz** (p. 97) o **Rubicón** (p. 73), o en el productor de gofio **La Molina** (p. 97) es una divertida forma de apoyar a la tradición culinaria de la isla.

Artesanía de Lanzarote

La tradición artesanal de la isla es uno de sus principales alicientes, con muchas labores tradicionales como cerámica, cestería o la roseta. Algunas de ellas solo sobreviven hoy gracias a un puñado de artesanos.

Hay muchos locales en los que se puede apoyar su trabajo, como los talleres de cerámica de **Teseguite** (p. 106) o la **Cestería Eulogio** (p. 113), además del fabuloso **mercadillo de Haría** (p. 113).

KM 0

Comer en restaurantes que apuestan por el producto lanzaroteño de proximidad y de temporada, como **Coentro** (p. 90), **Restaurante Palacio Ico** (p. 108) o **Alma Tapas** (p. 96).

Alquileres turísticos

Como en otras partes de España, los alquileres turísticos están íntimamente vinculados a las preocupaciones por el sobreturismo. Hay quienes sostienen que estas propiedades causan la subida de los precios de alquiler para la población local. Es importante confirmar que la propiedad en cuestión está legalmente registrada, o bien se puede apoyar a los maravillosos hoteles independientes de Lanzarote.

El cambio climático y los viajes

Es imposible ignorar el impacto de nuestros viajes y la importancia de hacer cambios. Lonely Planet anima a todos los viajeros a involucrarse en su huella de carbono. Muchas webs de líneas aéreas y sitios de reservas ofrecen la opción de compensar el impacto de los gases de efecto invernadero realizando donaciones para iniciativas respetuosas con el clima en todo el mundo.

La **UN Carbon Offset Calculator** (calculadora de emisiones de carbono de la ONU) muestra cómo afecta volar a las emisiones por vivienda.

La **calculadora de emisiones de carbono de la OACI (Organización Internacional de Aviación Civil)** permite a los visitantes medir el CO_2 generado por los viajes.

Accesibilidad

Monumentos

Lanzarote está trabajando para hacer cada vez más accesibles sus centros turísticos. La mayoría de los monumentos gestionados por CACT Lanzarote son accesibles (o en gran parte), incluido el Parque Nacional de Timanfaya, que ofrece una ruta en autobús adaptado. Los Jameos del Agua son una excepción, debido a que están integrados en un espacio natural. CACT Lanzarote ofrece un descuento del 30% a visitantes con discapacidad. Los dos monumentos de la Fundación César Manrique son accesibles en parte para visitantes con movilidad reducida.

En el aeropuerto

Todos los aeropuertos de Canarias ofrecen servicio de asistencia gratuita para viajeros con discapacidad. Se debe reservar con al menos 48 h de antelación a través de Aena (www.aena.es).

Alojamiento

Todos los nuevos hoteles en España por ley deben tener acceso adaptado y habitaciones accesibles para viajeros en silla de ruedas. Suele ser un poco más complicado con hoteles antiguos, rurales o de carácter histórico. Nautilus Lanzarote (www.nautilus-lanzarote.com) tiene apartamentos adaptados, elevador hidráulico para la piscina y jardines repletos de arte.

CASCOS HISTÓRICOS

Aunque Lanzarote sigue mejorando su oferta de turismo accesible, algunos pueblos de interior tienen zonas históricas con calles empedradas que podrían presentar complicaciones de acceso para viajeros con movilidad reducida.

Playas

Costa Teguise, Playa Blanca y Puerto del Carmen tienen arenales accesibles. Las playas Grande y de los Pocillos, en Puerto del Carmen (p. 58), y la de las Cucharas, en Costa Teguise (p. 44), cuentan con sillas anfibias previa petición.

TRANSPORTE PÚBLICO

Todos los autobuses públicos están adaptados con rampa. Canary Shuttle *(www.canaryshuttle.com)* ofrece traslados en microbús adaptado con rampa para los viajeros que usen silla de ruedas. También existen taxis adaptados (www.lanzarotetaxi.com); hay que reservarlos con antelación. La mayoría de las atracciones tiene aparcamiento accesible.

Recursos

- **Viajeros en Silla** (viajerosensilla.com) • **COCEMFE** (www.cocemfe.es)
- **Islas Canarias** (www.holaislascanarias.com) • **Impulsa Igualdad** (www.impulsaigualdad.com)

Lo esencial

Horario comercial

Los siguientes horarios son de temporada alta; en temporada baja se reducen. Muchos establecimientos pequeños cierran 2 h para el almuerzo.

Bancos 9.00-14.00 lu-vi

Oficinas de correos 8.30-20.30 lu-vi, 9.00-13.00 sa. La oficina principal está en la calle Caldera de Taburiente 2 de Arrecife.

Restaurantes 12.30-16.00 y 19.00-23.00

Bares 18.00-hasta tarde (puede variar)

Tiendas 10.00-14.00 y 16.30-19.30 o 17.00-20.00

ELECTRICIDAD
230V/50Hz

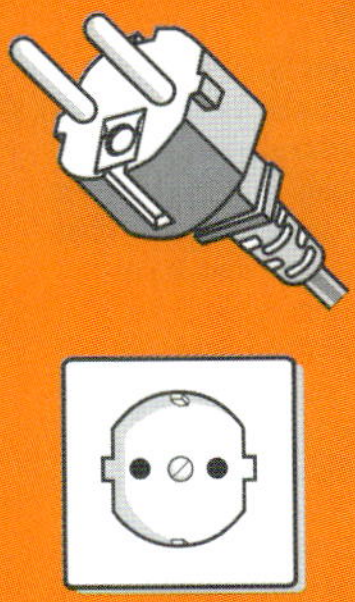

A TENER EN CUENTA

Hora local GMT/UTC (1 h menos que en la península)

Código de país +34

Emergencias 112

Población 163 467 (en el 2024)

Agua

La mayoría del suministro en Lanzarote procede de agua de mar desalinizada. Se puede beber, aunque su sabor no es el mejor, por lo que mucha gente prefiere el agua embotellada. El aeropuerto tiene fuentes de agua potable.

Fiestas oficiales

Muchas tiendas cierran y los lugares de interés suelen reducir sus horarios (o cerrar) los siguientes días:

Año Nuevo 1 de enero

Reyes Magos 6 de enero

Jueves Santo marzo/abril

Viernes Santo marzo/abril

Día del Trabajo 1 de mayo

Día de Canarias 30 de mayo

Corpus Christi mayo/junio (9° jueves después de Pascua)

Fiesta de la Asunción 15 de agosto

Nuestra Señora de los Volcanes 15 de septiembre

Fiesta Nacional de España 12 de octubre

Día de Todos los Santos 1 noviembre

Día de la Constitución 6 de diciembre

Fiesta de la Inmaculada Concepción 8 de diciembre

Navidad 25 de diciembre

Índice

Puntos de interés p. 000
Págs. de los planos p. 000

Véase también los subíndices:
Comer p. 142
Beber p. 143
Comprar p. 143

Comer

Beber

Comprar

La opinión del lector

Nos encanta escuchar a los viajeros, ya que con sus comentarios nos ayudan a mejorar nuestros libros. Podéis escribirnos a lonelyplanet.com/contact; leemos todos los mensajes y garantizamos que estos lleguen a los autores.

Nota: Es posible que algunos fragmentos de estos mensajes aparezcan en nuevas ediciones de las guías Lonely Planet, en la web o en productos digitales. Si preferís que vuestro contenido o nombre no sean publicados, por favor, indicadlo claramente. Para obtener una copia de nuestra política de privacidad, podéis visitar lonelyplanet.com/legal.

geoPlaneta
Av. Diagonal 662-664, 08034 Barcelona
www.geoplaneta.com – www.lonelyplanet.es

Lonely Planet Global Limited
Lonely Planet Global Limited, Digital Depot,
The Digital Hub, Dublín D08 TCV4, Irlanda
www.lonelyplanet.com
Contacta con Lonely Planet en: lonelyplanet.com/contact

Lanzarote de cerca
2ª edición en español – junio del 2025
© Lonely Planet Global Limited
1ª edición en español – mayo del 2021

Editorial Planeta, S.A.
Av. Diagonal 662-664, 7º. 08034 Barcelona (España)
Con la autorización para la edición en español de Lonely Planet Global Limited, Digital Depot,
The Digital Hub, Dublín, D08 TCV4, Irlanda

ISBN: 978-84-08-29658-4
Depósito legal: B. 16.624-2024
Impresión y encuadernación: Unigraf
Printed in Spain – Impreso en España